审辩式思维

看电影、读小说学习终身成长的思维模式

谢小庆 著

中国纺织出版社有限公司

内 容 提 要

审辩式思维是 21 世纪至关重要的职业胜任力之一，是创新型人才的重要特征。发展这种有益于终身成长的思维模式的最好方式是思考和讨论一些没有唯一正确答案的话题，而如何选择一个好的讨论话题，是一个难点，很多人常常苦于找不到好的讨论话题。

本书精选了 23 部优秀电影和 5 部经典小说，引导式讨论了其中的一些话题。有意愿提升自身审辩式思维水平的人，以及致力于提高学生审辩式思维水平的老师和家长，均可从此书中获得各种启发和思考的力量。

图书在版编目（CIP）数据

审辩式思维：看电影、读小说学习终身成长的思维模式 / 谢小庆著. -- 北京：中国纺织出版社有限公司，2024.1（2024.8重印）

ISBN 978-7-5229-0906-6

Ⅰ. ①审… Ⅱ. ①谢… Ⅲ. ①思维训练 Ⅳ. ①B80

中国国家版本馆 CIP 数据核字（2023）第 164233 号

责任编辑：向连英　　责任校对：王蕙莹　　责任印制：储志伟

中国纺织出版社有限公司出版发行
地址：北京市朝阳区百子湾东里A407号楼　邮政编码：100124
销售电话：010—67004422　传真：010—87155801
http://www.c-textilep.com
中国纺织出版社天猫旗舰店
官方微博http://weibo.com/2119887771
天津千鹤文化传播有限公司印刷　各地新华书店经销
2024年1月第1版　2024年8月第2次印刷
开本：148×210　1/32　印张：7
字数：130千字　定价：49.80元

凡购本书，如有缺页、倒页、脱页，由本社图书营销中心调换

Preface
前 言

近两年来，不止一位我的学生或我的朋友，非常伤心地告诉我：由于对某些问题的看法意见不合，已经与自己的"闺蜜""兄弟"互相拉黑了微信。

我也注意到，这种认知撕裂，没有发生在那些双方都具有一定审辩式思维（critical thinking）的朋友之间。出现认知撕裂，或者是双方都不具有审辩式思维，或者是其中一方不具有审辩式思维。

在具有审辩式思维的人之间，只有论证（argument）。他们会按照英国哲学家和教育家图尔敏（Stephen Edelston Toulmin）的论证方式，首先澄清各自的主张（claim），例如，考试不必延期或需要延期。之后，他们会给出支持自己主张的事实（fact/data/evidence），他们会澄清支持自己主张的一些先验假设。

论证的第一步，他们会互相审视各自给出的事实。对于事实，他们会不懈质疑、穷追不舍，他们会努力排除那些缺乏可靠来源的虚假事实，努力在"事实"方面达成一致。

审辩式思维：
看电影、读小说学习终身成长的思维模式

　　如果在某一事实上不能达成一致，他们会开展另一层次的论证，开展一个新的论证单元。在这个新的论证中，"某一事实为真"成为论证中的"主张"。

　　当双方在事实方面达成一致以后，就可以开始进入论证的第二步，互相检验对方的逻辑一致性，努力找出对方的逻辑谬误，努力向对方提出"以子之矛攻子之盾将如何"的问题。对于逻辑一致性，他们也会不懈质疑、穷追不舍。

　　当双方在"事实"上取得一致以后，当排除了双方论证过程中的逻辑谬误和逻辑不一致以后，当双方都各自完成了合理的（rational/reasonable）的论证之后，通常分歧依然存在。这时，双方就可以澄清导致分歧的不同"支撑"，不同的先验假设。如果这个假设属于可能被检验的，那么，就可以进行另一层级的论证。在新的一轮论证中，"支撑"就变成了"主张"。多数情况下，"支撑"是不可能被检验的。例如，"人性善""不患寡而患不均""平等优先"等。这时候，双方就需要"闭嘴"。他们不会把宝贵的时间浪费在这些不可检验的"支撑"之上。

　　今天，伴随自媒体的蓬勃发展，各种虚假信息在网络上快速传播。自媒体出于流量的考虑，使许多信息被夸大和扭曲，许多极端化的情绪被挑动、被放大。这时候，一个人很容易受到媒体的左右，上当受骗，落入认知误区。轻则美好情感被人消费，重则财产受到损失，甚至可能触犯法律，如2012年反日风潮中造成日系车主重伤而获刑10年的蔡洋。2022年1月24日，由于不堪网络暴力，河北邢台不满18岁的高中生刘××在海南三亚自杀。刘××的不幸离世使人想到，简单思维的后果不仅易造成认知撕裂、触犯法律，还可能在不触犯法律的情况下夺人性命。如果更多的人拥有审辩式思维，或许一些悲剧可以避免。

审辩式思维的要义是"力行担责"。具有审辩式思维的人，理解论证的目的是做出普乐好的（plausible）选择。离开行动，论证毫无意义。用图尔敏的概念讲，决策不仅要符合"形式逻辑"（formal logic），更重要的是符合"工作逻辑"（working logic）、"实践逻辑"（practical logic）或"实质逻辑"（substantial logic）。

具有审辩式思维的人理解在符合事实和符合形式逻辑的基础之上，基于不同的价值取向（value orientation）和个人偏好（individual preference），存在多种不同的主张，这些不同主张之间的区别不是正确（right/correct/accurate）与否，也不是合理与否，它们的区别在于是否属于普乐好的选项。在一部分人看来属于普乐好的选择，在另一部分人看来可能并不如此。

因此，在具有审辩式思维的人之间，只有论证和行动，没有"撕裂"。

在我的职业生涯中，我的研究方向是教育和心理测量，主要致力于考试的科学化。教育与心理测量最重要的问题是测验考试的有效性（效度）。在关于考试效度的研究中，我注意到效度论证的图尔敏模型，并与王丽老师共同翻译了图尔敏的《论证的使用》一书。在学习研究图尔敏论证理论的过程中，我接触到论证中的"非形式逻辑"（informal logic），进而接触到审辩式思维的发展，认识到培养学生审辩式思维的重要性。

2014年5月9日，我创立了"审辩式思维"微信公众号，

审辩式思维：
看电影、读小说学习终身成长的思维模式

致力于推动发展学习者的审辩式思维。几年来，围绕审辩式思维发展问题，我撰写了许多文字。我曾在许多篇文章中写道：审辩式思维是中国教育的"短板"。我在倡导从小发展学生的审辩式思维时，经常以美国为参照。那时，在我的心目中，注重发展学生的审辩式思维是美国教育的长处和优势。但是，新冠疫情暴发以后美国的抗疫表现、2020年大选中美国社会的撕裂、2021年1月6日美国"国会山事件"，大大动摇了我原来的看法，使我逐渐清晰地认识到，提高审辩式思维水平不仅是中国人所面临的任务，也是全世界的人需要共同面临的任务。

怎样发展学习者的审辩式思维？我认为，一种好的方式就是引导学习者讨论一些没有标准答案的问题。在这种讨论中，讨论题目的选择非常重要。如果讨论指向一个唯一正确的答案，往往很难取得预期的效果。

一位中学语文教师正在致力于以"整本书阅读"的方式发展学生的审辩式思维。她曾通过微信与我谈到，为了设计出好的讨论题目，她找到了一些"名师""大咖"引导学生阅读的相关资料。她感到这些"大咖"向学生提出的问题并不理想。她说："有时候，一篇文章我读了好几遍，一直找不到自己满意的讨论题目。"

我非常理解这位老师。近些年，我听过不少中小学生的课，看到不少学校在积极探索教学改革，试图改变课堂上只传授知识的局面，试图调动学生参与的积极性，努力帮助学生在积极参与中拓展自己的思维、发展自身的能力。对此，我是感到欣喜的。但是，我也确实看到一些课堂上，囿于教师的能力水平，课堂上

的小组活动流于形式。虽然小组讨论看起来很活跃、很火热，但讨论的问题实际上并不具有挑战性，讨论常常指向一个唯一正确的、显而易见的标准答案。在这样的课堂上，徒有思考的形式，学生并没有真正展开思考，并没有真正实现学生思维能力的发展。

  这些情况引起了我的思考：在未来的人生道路上，学生们所需要的核心能力究竟是什么？怎样在学校中帮助学生发展这些核心能力？

  我认为，通过阅读发展学生审辩式思维的第一步是选择好的审辩素材。好的讨论题目往往与审辩素材有关，并非在每一份材料中都可以找到值得审辩的好话题。第二步是提出好的具有挑战性的题目，引导学生展开讨论。

  许多电影和小说可以成为审辩素材。为了向学习者和助学者提供一些好的审辩素材，为了帮助学习者和助学者提出一些好的审辩话题，本书围绕经典电影和小说展开了讨论。这些材料，可以作为学习者和助学者的参考。

谢小庆
2023 年 3 月 1 日于北京

目录 Contents

上篇 审辩式思维鸟瞰

第1章 什么是审辩式思维 / 2
01 审辩式思维的缘起 / 2
02 审辩式思维根植于中国传统文化 / 5
03 对审辩式思维的理解 / 7

第2章 审辩式思维是创造的源泉 / 9
01 钱学森之问 / 9
02 新一轮学习革命的挑战 / 10
03 童子伤 / 13
04 保护孩子创造力的要诀——不懈追问 / 14
05 保护孩子创造力的要诀——双向质疑 / 16
06 保护孩子创造力的要诀——凭证据说话 / 18

审辩式思维：
看电影、读小说学习终身成长的思维模式

下篇　看电影、读小说案例

第3章　看电影部分　　　　　　　　　　　　　　　　　/ 22

01　《我不是药神》：司法过程并非如此简单　　　　　　　/ 22

02　《红菱艳》：事业第一还是爱情第一？　　　　　　　　/ 29

03　《罗伦佐的油》：延续生命真是好的选择吗？　　　　　/ 32

04　《芳华》：我不赞成你，但我理解你　　　　　　　　　/ 37

05　《天空之眼》：该不该实施轰炸？　　　　　　　　　　/ 42

06　《一次别离》：法律之外，还需要信仰　　　　　　　　/ 44

07　《英文系主任》：说出自己的良心选择　　　　　　　　/ 47

08　《十二怒汉》：不懈质疑的精神　　　　　　　　　　　/ 51

09　《我不是潘金莲》：不应以课本为世界，而应以世
　　界为课本　　　　　　　　　　　　　　　　　　　　/ 54

10　《老炮儿》：切勿简单地理解一个复杂的人物　　　　　/ 57

11　《毛丰美》和《卒迹》：努力做一个比较纯粹的人　　　/ 59

12　《季风中的马》：文明扫荡文化　　　　　　　　　　　/ 65

13　《摔跤吧！爸爸》：是"好爸爸"，还是"狼爸爸"？　　/ 69

14　《起跑线》：比进名校更重要的是人生成长　　　　　　/ 72

15　《心灵捕手》：天才威尔要不要拒绝"黄金屋"和
　　"颜如玉"？　　　　　　　　　　　　　　　　　　　/ 75

16　《无依之地》：这部电影的"中心思想"是什么？　　　/ 80

17	《红琼》：我不是叛徒	/ 85
18	《不要向上看》：历史没有终结	/ 90
19	《亮剑》：是"好人"，还是"坏人"？	/ 93
20	《归来》：勿用自己的"真理"去批判别人的"谬误"	/ 96
21	《香火》：佛像的倒塌	/ 98
22	《阿凡达》：毁坏"铁屋子"	/ 107
23	《流浪地球2》：支持"移山计划"还是支持"数字生命计划"？	/ 112

第4章　读小说部分　　　　　　　　　　　　　　　　/ 117

01	《项链》：为了一夜狂欢，她付出了十年的艰辛	/ 117
02	《红楼梦》：是否需要归纳概括课文的中心思想？	/ 122
03	《九三年》：当你合上它时，你会觉得自己走过了漫长的一生	/ 133
04	《悲惨世界》：他因偷取一块面包而成为犯人	/ 138
05	《三体》（一）：宇宙中有共同的道德准则吗？	/ 144
06	《三体》（二）：要在多维空间中进行思考	/ 154
07	《三体》（三）：进入"高维空间"，拓展思路和视野	/ 165
08	《三体》（四）：物理规律在时间和空间上不均匀	/ 170

附录

01　初中生审辩式思维测试（样卷）　　　　　/ 176

02　高中生审辩式思维测试（样卷）　　　　　/ 195

上篇
审辩式思维鸟瞰

第 1 章　什么是审辩式思维

01　审辩式思维的缘起

审辩式思维（critical thinking）一词最早由美国学者格拉泽尔（Edward Maynard Glaser）于 1941 年提出。格拉泽尔认为："在一个人的经验范围内，有意愿对问题和事物进行全方位的考虑，这种态度就是审辩式思维。""审辩式思维是合乎逻辑的有关质疑和推理的方法，以及运用这些方法的技能。"

今天，许多人将"审辩式思维"翻译为"批判性思维"。许多人已经发现，这个翻译与英文原意之间明显存在距离。这个翻译就像把康德的"三大审辩"翻译为"三大批判"一样，算不上佳译。

2014 年，中国逻辑学会应用逻辑专业委员会主任、中国逻辑学会秘书长杜国平教授在《重庆理工大学学报（社会科学）》第 9 期发表了"审辩式思维辨析"一文，通过文献调研和问卷调查,深入讨论了这一概念的汉译问题,认为翻译为"审辩式思维"较为合适。

关于"审辩式思维"的研究可以上溯到美国民主主义教育的开山者杜威(John Dewey)。20世纪20年代,杜威就倡导这样的思维模式,当时他将其称为"反省性思维"(reflective thinking)。杜威深入探讨了这种思维模式的性质和结构,厘清了这种思维模式与形式逻辑和语言之间的关系,并且指出,概念、分析、综合、判断、理解、推理、假设、检验等是反省性思维能力的基本要素。杜威的研究,启发和推动了美国教育界和心理学界关于思维方式的研究。

第二次世界大战以后,一些美国教育学者开始关注儿童的审辩式思维。在20世纪末,"审辩式思维"成为美国教育领域中谈论最多的话题之一,成为使用频率最高的教育词汇之一。

在2002年以前,美国的研究生入学考试(Graduate Record Examination, GRE),包括言语、数量和分析三个部分。在2002年10月推出的新GRE中,原有的分析部分被放弃,增加了"分析性写作"部分。在美国教育考试服务处官网上对"分析性写作"部分的说明是:"这部分考试考查审辩式思维和分析性写作技能,尤其是清晰、有力地表达和论证复杂思想的能力。"

2005年,美国的"高考"——学术评价测验(Scholastic Assessment Test, SAT),进行了一次大的改革,改革的内容之一是将原来的"言语"(verbal)部分改为"审辩式阅读"(critical reading)。

美国70%的本科学位由组成美国州立大学联盟(American

Association of State Colleges and Universities，AASCU）和公立大学联盟（Association of Public and Land-grant Universities，APLU）的520所公立大学颁发。AASCU和APLU为了对毕业生进行高等教育水平评估，于2006年共同推出了"自愿问责系统"（Voluntary System of Accountability，VSA）。VSA为成员院校提供了一个进行高等教育评估的服务平台。在VSA中，定义了4项"核心教育成果"（Core Educational Outcomes，CEO）：审辩式思维、分析性推理、阅读、写作。可见，在美国大型考试中，都将审辩式思维作为重要的考试内容。

人们已经认识到，具有审辩式思维能力是创新型人才的重要心理特征，教育最重要的任务之一是培养和提高学习者的审辩式思维能力。

02　审辩式思维根植于中国传统文化

在公元前 500 年前后，人类历史上曾有过一个东西方思想家相映生辉的"轴心时代"。"轴心文明"中凝聚着人类的核心价值和最重要的宗教哲学思想，是人类文明最深层、最根本的部分。

在这个人类思想呈爆发式增长的时代，东西方思想文明又各自具有不同的特点。西方长于形式逻辑和分析性推理，东方则长于非形式逻辑和审辩式思维。两千年后，东方人才逐渐地学习了西方人的分析性推理，而西方人才逐渐悟出东方人的审辩式思维。

古代东方的审辩式思维主张"博学、审问、明辨、慎思、笃行"，主张"中庸之为德至矣"，主张"过犹不及"。古代东方的审辩式思维表现在对语言和形式逻辑局限性的认识。其典型代表是《道德经》开篇的"道可道，非常道；名可名，非常名"。这种认识后来与来自印度的佛教相融合，产生了中国化的佛教支系禅宗。在禅宗的"开口错""本来无一物"等思想中，也体现了对语言局限性的认识。

古代东方的审辩式思维还表现在多进程、多元、非线性的思维方式。在老庄的绝圣弃智中，实际上包含了价值多元的思想，包含了后来康德思想中的非独断论的思维方式，包含了后来哥德尔在"不完全性定理"和海森堡在"测不准原理"中所体现的非独断论的思维方式。事实上，这种"一元独断"的思维方式至今在西方主导的全球文化领域中仍然具有巨大的影响，支撑着西方的文化霸权。

03　对审辩式思维的理解

参考相关文献后,经过深入讨论和思考,我对何为审辩式思维逐渐形成了自己的看法。如果用最简单的表述来回答,我认为是 12 个字:不懈质疑,包容异见,力行担责。更完整一些的回答是:审辩式思维是一种最重要的职业胜任力,表现在认知和人格两个方面。其突出特点表现为:

(1)合乎逻辑地论证观点。

(2)凭证据讲话。

(3)善于提出问题,不懈质疑。

(4)对自身的反省和对异见的包容。

(5)对一个命题或主张或适用范围的认识和理解,对命题概括化范围的认识和理解。

(6)直面选择,果断决策,勇于为自己的选择承担后果和责任。

进入移动互联网时代,我们获取特定知识越来越容易。以往,需要在图书馆中寻找多日的研究资料,今天借助移动互联网,利用"百度""搜狗"等搜索工具,我们可以随时随地获取知识。今天,重要的已经不再是掌握特定知识,而是具备较高的

审辩式思维：
看电影、读小说学习终身成长的思维模式

审辩式思维水平，从而对信息的重要性做出判断，在各种可能的候选方案中快速做出自己的抉择。

创新始于对成说的质疑。因此，具有审辩式思维是创新型人才的重要特征。在一些教育文献中，强调发展学生的"审辩—创新思维"（critico-creative thinking 或 critical & creative thinking）。从小发展学生的审辩式思维是培养创新型人才的重要举措。

审辩式思维不仅是创造的源泉，更是理性和民主社会的基础。那些对"自己的真理"不真诚、不坚持，对"他人的真理"不尝试理解、不予以包容的人，很容易成为极端主义或极权主义的俘虏。

因此，发展学生的审辩式思维是包括小学、初中、高中、大学、研究生各个学习阶段的主要学习内容和学习目标，是包括语文、数学、物理、化学、历史、政治在内的各个学科的主要教学任务和教学目标。

今天，国际教育界已经形成共识：教育最重要的任务之一是发展学生的审辩式思维，审辩式思维是最值得期许、最核心的教育成果。审辩式思维是教育的解放力量，是私人生活和公共生活的强大资源。

今天审辩式思维已经成为国际教育领域中谈论最多的话题之一，"审辩"成为使用频率最高的教育词汇之一。几乎所有对世界各国教育都有所了解的人的共同感受是：与发达国家相比，今日中国学校教育中最缺乏的就是审辩式思维教育。

审辩式思维是创新型人才最重要的心理特征。审辩式思维不仅是持续钻研的动力，更是理性和民主社会的基础。

第 2 章　审辩式思维是创造的源泉

01　钱学森之问

如今，越来越多的人已经认识到，具有审辩式思维能力是创新型人才的重要心理特征，认识到教育最重要的任务之一是发展学习者的审辩式思维能力。

钱学森同志曾说："中国没有完全发展起来，一个重要原因是没有一所大学能够按照培养科学技术发明创造人才的模式去办学，没有自己独特的创新的东西，老是'冒'不出杰出人才。这是很大的问题。"

我国大学确实存在钱学森同志所指出的问题。

近几年，我国反复强调转变经济增长方式。要想转变经济增长方式，只能靠人才。培养人才，要靠教育。没有培养出杰出人才的教育方式，就没有杰出人才的出现，"转变经济增长方式"就是一句空话。为了实现经济增长方式的转变，我们需要认真地对"钱学森之问"做出回答。

02 新一轮学习革命的挑战

20世纪90年代初期,笔者与美国的朋友通信,正常情况下单程需要7天,14天后才可以收到回信,甚至一个多月后才收到回信也不算意外。今天,我已经随时可以通过网络与纽约的朋友视频聊天。

2013年4月26日、27日,在美国国家教育测量学会(National Council on Measurement in Education,NCME)年会期间,学会安排资深教育测量专家们进行了长达16小时的专业培训,集中介绍教育测量领域的一些最新进展。这次培训课程向亚洲、非洲和南美洲的一些国家进行免费直播。与旧金山课堂现场的学员们一起,北京语言大学教育测量所的研究生们通过网络参与了这些培训课程。借助专用的网络教学软件,北京的学员不仅可以在一个屏幕上与现场的学员同步看到授课教师和教学课件,而且随时可以向授课教师提问。

伴随计算机和网络的发展,一些工种消失了:铅字排版、电报收发和译码……伴随计算机和网络的发展,一个又一个行业被颠覆了:邮政、图书出版、音乐制作、大众传媒、商品零售……互联网的威力,会指向教育吗?下一波浪潮,会冲击传统学校吗？互联网会带来一场学习革命吗？

2006年9月，只有一台计算机的萨尔曼·可汗（Salman Khan）创建了可汗学院，如今已拥有1000万学生；2010年5月，开放式在线教育网站Udemy创建，并在两个月内拥有2000门课程1万名注册用户；2012年2月，计算机科学领域的网络学习社区Udacity创建，一个月内9万名学生注册，覆盖190多个国家；2012年4月Coursera、edX创建，在线教育正式进入大规模开放式在线课程时代（MOOC Era）。

毋庸置疑，网络会像冲击出版、新闻、商业等领域一样，冲击学习领域。新一轮的学习革命，正在向我们走来。

不能把学习革命仅理解为借助新技术向学习者提供更丰富的学习资源。这算不上"革命"，充其量只是一种改善，一种改良。学习革命的一项重要内容是加强对学习者审辩式思维发展的重视。

伴随思考的深入，人们发现，对于一个理论、一个观点、一个命题的论证，不是一个可能立即得到答案的实验室研究，不是一场可以决出胜负的球赛。辛亥革命已过去一百多年，它对中国现代化进程的影响仍然是激烈争论的话题；五四运动也已过去一百多年，其对中华民族文化建设的正面和负面的影响仍然是学术界不断讨论的话题；"罗斯福新政"距今已有90年，对其评价仍然存在巨大争议，是经济学家和政治学家反复研究的话题。人们发现，一个新理论、新观点被接受，或一个旧理论、旧观点被放弃，往往是一个漫长的过程，是一个旷日持久的论证过程。持有某种观点的人很少将自己甚至所有的论辩对手说服。

审辩式思维：
看电影、读小说学习终身成长的思维模式

今天，中国学校中广泛流行的是形成于20世纪50年代的学习方法，以及形成于20世纪以前"真理－谬误"的简单思维方式。这种思维方式把学习过程理解为一个学生学习和掌握"科学真理"的过程，理解为一个老师向学生传授"科学真理"的过程。这种学习方式，一定程度上破坏了学习者的好奇心，打击了学习者的怀疑精神，压抑了学习者的创造性。

改变这种陈旧的学习方式，不再是简单地向学生灌输特定的结论，而是倡导研究性学习，发展学生审辩式思维的能力，使学习成为一个探索和发现的过程，而不仅仅是一个记忆和拷贝的过程。只有这样，才能算是"学习革命"。

03　童子伤

什么是"童子伤"？对于这个问题，新东方教育科技集团的俞敏洪给出了一个很好的回答。在 2013 年 11 月 7 日出版的《南方周末》中，俞敏洪在接受该刊记者采访时说："当一只鸟在笼子里关太久，你把笼子拿掉，它也不会飞了。就像中国孩子到了美国，应该是非常快就会有创新能力，但是事实上要很久，因为思维模式的改变就像换了个人似的。"

中国就业促进会副会长陈宇先生曾讲过一段与此相关的话。他说，为了让自己的后代学习飞行，鸟类决定学习高等动物的榜样——人类，它们建起了小学、中学和大学，把小鸟十几年关在学校里面学习飞行，给小鸟讲飞行课，从基础课到专业基础课再到专业课……终于毕业了，当小鸟离开学校的时候，忽然发现，原来小鸟并没有学会飞行。

结合俞敏洪和陈宇的话，我们可以这样来理解"童子伤"：在笼子里关得太久，尽管学习了关于飞行的基础课、专业基础课和专业课，仍然不会飞。

04　保护孩子创造力的要诀——不懈追问

每一个家长和教师都希望把自己的孩子和学生培养成创新型人才，拥有审辩式思维是创新型人才的重要特征。怎样发展孩子的审辩式思维？怎样保护孩子的创造性？第一要诀是"不懈追问"。

很多在我们的生活中是"想当然"的命题，其实经不住推敲。如果提出质疑、追问，会发现许多问题有待审辩。

例如，尽管我们每个人都从小学一年级就开始上语文课，但是很少有人去问"什么是语文"。实际上，关于这个问题，今天人们并没有达成共识。基本的看法有四种：一是语文即语言和文字。口头为语，书面为文。语文课是发展学生听、说、读、写能力的课程。二是语文即语言和文学。《红楼梦》的主题思想是什么？《小橘灯》的描写手法是怎样的？这些属于文学，不属于语言。三是语文即语言和文化。中国人爱喝热水，西方人爱喝凉水。中国人结婚穿红色的衣服，西方人结婚穿白色的衣服……这些属于文化范畴的内容。语文课不仅要教语言文字，还要帮助学生了解中华文化。四是语文即语言和人文。教育部颁布的《义务教育语文课程标准（2022年版）》中强调"以习近平新时代中国特色社会主义思想为指导,全面贯彻党的教育方针""以人民为中心""坚持德育为先"等人文内容。

又如,我们常常说"分数面前人人平等"。这种说法能够成立吗?让一个半饥半饱、一边学习一边帮助父母维持家庭生计的普通孩子与一个父母用重金聘请优秀辅导教师的"土豪"孩子相比,分数面前真的平等吗?实际上,如果全国用同一张高考试卷,那些不幸出生在海南或青海的孩子就几乎没有进入北京大学、清华大学读书的机会。

再如,我们常常顺口说"实践是检验真理的唯一标准"。真的是这样吗?"失败乃成功之母",对真理的发现很少有一蹴而就的情况,成功总是属于那些面对失败的"实践标准"而不言放弃的人。科学发展史清楚地告诉我们,正是由于有人执着地坚持长期得不到实践支持的理论,科学才得以进步,如哥白尼和开普勒对"日心说"的坚持;正是由于有人大胆地怀疑得到无数实践支持的理论,科学才得以进步,如爱因斯坦对牛顿力学的怀疑。

在本书的下篇"看电影、读小说案例"中,笔者列出了许多可以追问的问题,例如,中医的疗效被夸大了吗?让梨的孔融值得效仿吗?等等。如果你能引导孩子对这些问题"不懈追问",对各种可能的答案进行质疑,帮助孩子养成不轻易相信"正确答案"的习惯,那么孩子的创造力就可能受到保护,他的审辩式思维就可能得到发展,他就可能成长为像爱因斯坦、比尔·盖茨、乔布斯一类的创新型人才。

05　保护孩子创造力的要诀——双向质疑

保护孩子创造性的第二要诀是"双向质疑"。"不懈追问"的对象不仅是他人的看法，而且包括自己的看法；不仅要考虑到他人的看法未必正确，也要考虑到自己的看法未必正确；不仅要考虑到他人可能存在的局限性和偏见，也要考虑到自己可能存在的局限性和偏见。

具有审辩式思维的人会时时反思：我所摸到的"大象"，我自己关于"大象"的经验，是否就是"大象"的全貌？是否就是"大象"的完整形象？他们持续保持反思和自省的警觉，不会把自己想象成判定聪明与愚蠢的圣人、判定真理与谬误的上帝、判定正义与邪恶的大法官。

美国没有宪法法院，美国联邦最高法院实际履行着宪法法院的职责。最高法院有9名大法官。只有涉及宪法解释的案件、少数具有判例性质的案件，才会上诉到最高法院审理。在这类案件的审理中，需要由9名大法官通过投票来作出裁决。具有审辩式思维的人通常不会轻易将自己想象成最高法院的大法官。即使他把自己想象成最高法院的大法官，他也不会轻易将自己想象成首席大法官。即使他把自己想象成首席大法官，他也不会忘记在裁决中自己只具有与其他 8 位大法官同样的一票。即使他把自己想象为具有终极裁决权的唯一的最高法院大法官，他也不会忘记，司法权只是互相分立、互相制约的立法、司法、行政三权中的一权。

基于"双向质疑"，孩子才会对新的事实、新的观点、新的视角保持开放的心态。事实上，在科学研究、历史研究和社会研究领域，每天都有大量的新事实被发现，每天都有大量的新观点被提出。只有对新事实、新观点保持开放的心态，才可能持续地调整和完善自己的想法。

基于"双向质疑"，孩子们才会理解，我可以有我的梦想、我的乌托邦、我的真理、我的答案和我关于"大象"的经验，别人也可以有别人的；孩子们才会理解，世上并没有客观的"真理"只有主观的"真理"，世上并没有众人的"真理"只有个人的"真理"，在坚持自己的"真理"的同时也能包容别人的"真理"。

如果你的孩子仅仅是单向地对他人不懈追问、不懈质疑，而不能双向的同时针对自己不懈追问、不懈质疑；如果你的孩子总是把自己想象成首席大法官，总是把自己想象成正义与邪恶的裁判员；如果你的孩子像今天网络上的一些人那样对别人的真理不包容，开口闭口"脑残"，拍砖抡棒、杀气腾腾，那么，你的孩子很难发展为创新型人才。

06　保护孩子创造力的要诀——凭证据说话

保护孩子创造性的第三要诀是"凭证据说话"。

学术评价考试（Scholastic Assessment Test，SAT）是美国的"高考"，是美国大学录取新生的重要依据。在 2005 年以前，该考试内容只有两个部分：言语（verbal）和数学（math）。2005 年，SAT 进行了一次大的改革，改革的内容之一是将原来的"言语"部分改为"审辩式阅读"，并增加了写作考试，变为 3 个部分。2014 年 3 月 5 日，主持 SAT 考试的美国的大学理事会宣布了 SAT 的改革方案。从 2016 年起，新 SAT 将取代原来的旧 SAT。在新 SAT 中将包含两个必考部分和一个选考部分。两个必考部分是"基于证据的读写"（Evidence-Based Reading and Writing）和数学，一个选考部分是小论文写作。在 2005 年的改革中，SAT 突出了对"审辩"的重视。在 2016 年的改革中，SAT 则突出了对"证据"的重视。

在"不懈追问"和"双向质疑"中，都需要"凭证据说话"。具有创造性的人，既不会轻信他人的信口开河、武断裁判，自己也会尽量避免轻率判断，避免想当然地做出选择。

在"凭证据说话"方面，中国文化与美国文化确实存在差异。许多中国人的观念是：分数面前人人平等；是英雄是好汉，考场上比比看；如果考场上考不过你，我心服口服。许多美国人的观念则是：何以见得我考试考不过你，干工作就干不过你，请拿证据来。如果你拿不出证据，如果我是妇女，我就会到法庭告你歧视妇女；如果我是有色人种，我就到法庭告你种族歧视。因此，美国的考试机构在考试编制的时候，首先考虑的问题就是怎样在法庭上提供足够的证据，支持考试成绩与工作业绩之间具有明显的关联。如果证据不足，就可能受到"歧视妇女"或"歧视有色人种"的指控，就可能遭受重罚。

在就业招聘中采用考试，直接关系到人的就业权力。如果考试不能保证"高分高能"，考生的就业权力就会受到侵害。何以见得我考试分数不高，工作就干不好？这本来应该要求考试主持机构提供证据，但由于我们缺乏"凭证据说话"的习惯，结果这本该问的问题却很少有人问。

在本书的下篇"看电影读小说案例"中，笔者就给出了许多实例，说明了怎样引导孩子"凭证据说话"。如果孩子在"不懈追问"和"双向质疑"的时候不能"凭证据说话"，如果孩子在论证自己观点时不"凭证据说话"，而是仰仗所谓的权威说话、凭教科书说话，那么孩子很难发展成创新型人才。

下篇
看电影、读小说案例

第 3 章　看电影部分

01　《我不是药神》：司法过程并非如此简单

《我不是药神》是一部国产影片，由文牧野执导，徐峥、宁浩共同监制，于 2018 年 7 月上映。

该电影的主人公程勇本来是一位专卖男性保健品"印度神油"的小店老板，他惨淡经营，还常常交不起房租。为了救父亲，他铤而走险——走私印度仿制抗癌药"格列卫"。这种药虽然一开始无人问津，但由于印度仿制药确有疗效且价格相对低廉，所以最终还是受到了病友的欢迎，程勇也靠卖药获得丰厚收入。有一些法律知识的程勇担心走私仿制药会受到惩处，所以他及时收手，开办了一家服装厂，转向实业。

在国外正版制药厂的压力下，仿制药的走私渠道被阻断，仿制药消失了。许多人买不起昂贵的正版药，陷入绝境。看到断药病人的惨状，程勇的慈悲心被唤醒，重操旧业。最终，程勇被抓获,受到了法律的制裁。

在这部电影中,至少包括以下三个可以展开审辩和论证的好话题。

1. 药品专利保护是否合理?

正版药厂的专利保护是否合理?中国是否可以像印度一样挑战药品的专利保护制度?这部电影,将药品专利保护中的困境,形象地展现在观众面前:不保护药品专利,难以聚集新药研发的人才,难以吸引资金投入新药研发,难以生产出可以救命的新药;保护药品专利,患病的穷人极有可能因买不起药而失去生命。

审辩式思维是对一个命题、一个主张适用范围的认识和理解,是对命题概括化范围的认识和理解。具有审辩式思维的人理解,"保护知识产权"这一主张只能在一定的条件下才能成立,具有一定的适用范围,并非放之四海而皆准。

审辩式论证不同于分析性推理,后者仅仅基于形式逻辑之上,而前者则同时基于形式逻辑和非形式逻辑之上。非形式逻辑被图尔敏称为工作逻辑、实践逻辑和实质逻辑。审辩式论证所重视的不是那种跨时间、跨空间、跨领域、跨情境的论证,而是特定时间、特定空间、特定领域、特定情境中的论证。

基于审辩式论证,我们会想到,"知识产权保护"需要考虑到不同的领域。在许多领域,尤其是在那些高档服装、首饰、美容、电子游戏等消费领域,确实需要进行严格的知识产权保护。但是,在医药领域,尤其是在那些救命药的应用领域,可以对知识产权采取更灵活的保护政策。例如，在保证研发者基本权益、满足继续研发条件的基础上，在保证研发者得到激励的基础上，可以考虑设定较短的保护期限；设定盈利的上限，如百分之一万以内的盈利保护，即对投入的100倍收益进行保护，超出投入100倍时不再保护；考虑设定价格上限，等等。

基于审辩式论证，我们会想到"知识产权保护"需要考虑不同的情景，对于发达国家和发展中国家可以实行有差别的保护政策。在我国，对东部沿海发达地区和西部欠发达地区实行有差别的保护政策。

2. "权利为本"还是"美德为本"？

这部电影，将西方近代"权利为本"文化与东方传统"美德为本"文化之间的差异，形象地展现在观众面前：程勇走私仿制药的行为在侵犯正版药厂"权利"的同时，却呈现出悲悯的"美德"。

中国社科院哲学研究所赵汀阳在《坏世界研究：作为第一哲学的政治哲学》一书中探讨了现代社会中"权利"对"美德"和"义务"的挤压现象。❶

他指出，现代社会是一种"权利为本"的社会，"权利为本"的社会有利于保持"权力—权利"的平衡，有利于用权利制约权力，制约血统，制约暴力。这种制约是文明的进步，是人类社会

---

❶ 赵汀阳. 坏世界研究：作为第一哲学的政治哲学 [M]. 北京：中国人民大学出版社，2009.

的进步。但是，在权利膨胀的过程中，现代性颠覆了美德为本的传统，出现了"权利—美德"的失衡。

赵汀阳指出，权利与美德的失衡植根于现代性对传统造成的冲击。求治去乱，是传统社会多数人的政治追求。中国政治以"治"为第一原则，这是非常深刻老练的政治意识。治的效果一般都源于共同体原则同时成为个人准则，集体利益优先于个体利益，公共善优先于个人自由。因此，传统社会体现为一种"美德为本"的社会。但是，公共善非常可能被权力所利用，各种权力机构很容易以公共利益之名侵害个人安全和利益。因此，人们开始了对现代性和个人权利的追求。

可是，在现代社会中，人的心灵是失序的。"权利为本"的现代制度以权利压倒美德，以自由压倒权威，生活就失去了标准，自由就失去了方向和控制。个人想怎么想就怎么想（无论多么愚蠢），想做什么就做什么（无论多么无耻）。结果，爱情、友谊甚至亲情都大幅贬值，生活失去了美感。

3. "守法"与"救人"，孰重孰轻？

这部电影，将生活中常常遭遇的"守法"与"救人"的两难困境，形象地展现在观众面前。电影主人公具有一定的法律意识。在他重操旧业时，他清晰地面临了"守法"与"救人"的两难困境。最终，他选择了"救人"。

通常，司法实践被概括为"以事实为依据，以法律为准绳"。根据这种对法律的理解，司法过程就是弄清楚事实，找到适用的法律，将事实与法律进行比较、匹配，依照法律规定做出正确的判决。

　　但是，实际的司法过程并非如此简单，这种关于法律的简单理解在复杂的实际司法活动中常常行不通。美国当代法律现实主义或法律实用主义的代表人物理查德·波斯纳（Richard Posner）法官将这种关于司法的简单化理解称为法律形式主义或法律原旨主义。他指出，伴随全球化进程，司法案件越来越复杂、越来越难以决断。人们面临知识产权、金融监管、医疗纠纷、劳动合同纠纷等一系列新的法律问题。面对挑战，法律形式主义已经过时，已经无法应对社会的快速发展和变化。结合他自己三十多年的司法实践，波斯纳法官撰写了大量的著作反对这种法律形式主义，反对这种关于司法的传统的、简单化的理解。例如，2008年出版的《法官如何思考》，2013年出版的《司法反思录》。

　　"法律让我这么干的""法律有其自身逻辑"。波斯纳用这两句话来概括法律形式主义的主要特点。他不赞成这种看法。他认为法律现实主义的核心理念是：在许多案件中，尤其是在那些影响重大的案件中，法官将不得不接受一个合乎情理的、一个说得通的结果，而并非总能得出一个可证明的、无可辩驳的、逻辑上正确的结果。法律不是逻辑，而是经验。怎样才算合乎情理？怎样才算说得通，这常常取决于道德感觉、常识、同情，以及其他一些很难定量描述的思想情感成分。

　　北京大学法学院前院长苏力在《法官如何思考》的"译序"中说，波斯纳"弥补了主流司法理论的缺失，重塑了法官研究的基本模型，大大推进了司法决策研究"。苏力对波斯纳的评价是中肯的。

从波斯纳法官对法律形式主义的反对中我们可以看到，那种仅仅依靠法律条文就可以协调权利冲突和社会矛盾的想法，是一种简单的乌托邦空想。实际上，在许多案件的判决中，并没有逻辑上正确的判决，仅仅有对于部分人来说属于普乐好的判决。对于另外一些人，这种判决是不属于普乐好的判决。

当然不能否认"以事实为依据、以法律为准绳"的基本原则。但是，实际的法律活动并不是这样简单。对于"事实"，可以做出不同的解释；对于"法律"，存在不同的理解。法律，是人制定的，也需要由人来维护和执行。

2018年1月，北京大学出版社出版了北京大学法学院前院长苏力教授的新书《大国宪制》。苏力教授在新书的序言中说："尽管进这个行当就要40年了，我还是没法信仰法治或宪政！"苏力在"信仰"二字上做了加重标记，并使用了惊叹号。苏力为什么这样说，值得我们深思。如果我们没法信仰法治或宪政，那么我们信仰什么？

此外，这部电影中可以审辩的话题还有：正版药厂的维权行为是否违反人道主义精神？作为一个刑侦干警，曹斌放弃侦查是否有违职业道德？等等。

如果有人让我简要回答"什么是审辩式思维"，我的回答是12个字：不懈质疑，包容异见，力行担责。这部影片用非常生动形象的艺术形式对审辩式思维进行了阐释。是否应对药品的专利保护进行限制？我们要建设一个"权利为本"的社会还是要建立一个"美德为本"的社会？"守法"与"救人"孰重孰轻？具有审辩式思维的人能够理解，在符合事实和符合形式逻辑的基础

审辩式思维：
看电影、读小说学习终身成长的思维模式

之上，基于不同的价值取向和个人偏好，人们可能对这些问题做出不同的选择。这些不同选择之间的区别不是对错的区别，也不是合理与否的区别，它们的区别在于是否普乐好。一些人的普乐好选择，并不一定是另一些人的普乐好选择。

那些习惯于"大批判思维"的人，将这种不同选择之间的分歧视为"真理"与"谬误"的分歧，力图用自己的"真理"去批判别人的"谬误"。这种思维方式与他们从小接受的"科学崇拜"教育有关，与他们在基础教育中形成的唯物的思维范式有关，与深受苏联影响的"传授科学真理"的传统教育模式有关。

实际上，我们几乎每天都面临类似的两难选择，尽管可能没有电影中那样具有戏剧性。事实上，世上很少有百利而无一害的选择，也很少有两利相权取其重的选择，大多是两害相权取其轻的选择。不保护药品专利难以产生救命新药，保护药品专利穷人病死。寡，不均；低效率，不平等；工厂关闭，员工失业；环境污染，生态破坏……我们所面临的政策选择，往往包含对各种"害"的权衡。鱼与熊掌兼得通常只是幻想，多数情况下是鱼与熊掌择其一。因此，我们需要具有审辩式思维，需要不懈质疑、包容异见，更重要的是力行担责。

02　《红菱艳》：事业第一还是爱情第一？

《红菱艳》是一部关于事业与爱情的电影，是一部英国电影，于 1948 年上映，获得第 21 届奥斯卡最佳艺术指导和最佳配乐两项大奖，并获得最佳电影、最佳编剧和最佳剪辑三项提名。

故事讲述了优秀芭蕾舞演员佩姬在事业与爱情之间的挣扎。当世界上最好的芭蕾舞团团长和艺术指导莱蒙托夫问佩姬为什么要跳芭蕾舞的时候，她反问道：人为什么要活着？她将自己生命的激情倾注在芭蕾舞中，也取得了巨大的成功。同时，像所有正常的青年人一样，她也产生了爱情，与有才华的青年作曲家朱利安陷入热恋并组建了幸福的家庭，并为此一度离开了舞台，而对舞蹈的热爱使她重新回到舞台。佩姬的生活不能没有芭蕾舞，也不能没有朱利安。她身处两个男人的争夺之中，一个是将舞蹈视为自己信仰的莱蒙托夫，另一个是深爱着自己的朱利安。最后，在激烈的内心冲突中，她扑向了迎面驶来的火车，以结束生命的方式摆脱了在事业与爱情之间的艰难抉择。

莱蒙托夫和佩姬都对舞蹈倾注了极大的激情，将舞蹈视为自己生命中不可缺少的部分。莱蒙托夫说："舞蹈对于我是宗教。"我完全理解他们两人对于舞蹈的痴迷。提到电影《红菱艳》，我就想到国际顶级小提琴大师伊萨克·斯特恩（Isaac Stern）。记录他访问中国的电影《从毛泽东到莫扎特》获得第53届奥斯卡最佳长纪录片奖。在纪录片中，斯特恩反复地对中央音乐学院和上海音乐学院的学生们讲：乐器演奏，重要的不是技巧，而是对于音乐的信念、信仰和激情。如果你没有对音乐的信仰，如果你没有用音乐语言表达心声的激情，如果你不是没有音乐就无法生活，那么就不要去从事音乐工作，也不要去做音乐家。

朱利安和佩姬都忠于自己的爱情，失去了爱情，生活将索然无味，生命将失去意义。

事业第一还是爱情第一？《红菱艳》用震撼人心的艺术形式告诉我们，这个问题并不存在正确的答案，也不存在合理的答案，不同的人会给出自己的答案。做一个相夫教子的专职主妇还是大放光彩的职场巾帼？许多女性需要面对艰难的选择。值得羡慕的女孩是"嫁得好者"还是"干得好者"？这是让许多女孩纠结的问题。莱蒙托夫的答案是"事业第一"，朱利安的答案是"爱情第一"。虽然《红菱艳》上映于七十多年前，但是，电影中提出的问题今天仍然困扰着许许多多的男女，尤其是困扰着许多青年女性。

2001年入学的我的4名硕士研究生都是女生。我在与她们第一次见面时，曾对她们讲过这样一段话："相夫教子是许多女性的理想。但是，并非每个女性都可以得到相夫教子的机会，这种机会是可遇而不可求的，倘若万一没有得到相夫教子的机会，你仍然不应辜负你的聪明才智，你仍然可以把自己的聪明才智发挥到极致，你仍然可以有一个丰富而精彩的人生。对此，你们需要有思想准备。为此，你们需要刻苦钻研、努力学习。"

具有审辩式思维的人，对我的这种说法会提出质疑：爱情和事业不能兼得吗？鱼与熊掌不能兼得吗？爱情只能来自上天的恩赐吗？不能通过自己的努力获得自己所渴望的爱情吗？具有审辩式思维的人则可以理解。

为了提高审辩式思维水平，与你的学生或你的孩子一起，去看看这部《红菱艳》吧！

03 《罗伦佐的油》：延续生命真是好的选择吗？

2020年年初，一只巨大的"黑天鹅"降临这个蓝色星球，极大地改变了人类的生活。其产生的长期影响，现在还很难预想和评估。经过两年来与新冠病毒的战斗，回头看美国好莱坞电影《罗伦佐的油》(Lorenzo's Oil)，可以生出许多感慨，获得很多启发。电影刚刚上映时，大量关于医学问题的讨论曾经让人感到冗长和沉闷，新冠病毒出现之后，电影却给人带来很不同的感受。

这是一个根据真实故事拍摄的电影，被一些人称为"纪录片式的电影"。1984年，居住在美国首都华盛顿的奥多内夫妇六岁儿子罗伦佐患上罕见的ALD（肾上腺白质退化）症，这是一种被医生宣布为无药可治的罕见绝症。通常，确诊之后最多仅能存活两年时间。但奥多内夫妇不肯放弃希望，两人疯狂地恶补关于ALD的医学知识。他们学习遗传学、生物化学、微生物学、神经病学等多方面的医学知识，还推动组织了一次关于ALD的高级国际学术研讨会。他们大胆地挑战医学界的"共识"，并最终发明了一种特殊配方的食用油给罗伦佐食用，终于使罗伦佐的生命奇迹般地得以延续。这种特制的食用油，也使其他一些ALD患病儿童的生命得以延续。

电影 1993 年上映,在第 65 届奥斯卡评奖中获得最佳电影、最佳女主角和最佳原创剧本三项提名。豆瓣评分 8.5 分。

与今天许多穿插了复杂倒叙和时空穿越的电影不同,这部电影的叙事基本按照真实时间顺序进行,平铺直叙,叙事结构非常简单。

电影留给我们以下三个有待审辩的话题。

1. 对于罗伦佐,生命延续真是好的选择吗?

电影的高潮出现在两位患病儿童的父母奥多内夫妇和马斯卡廷夫妇之间的争论。

奥多内指责马斯卡廷仅仅关心怎样安慰、安抚 ALD 患病儿童的父母,而不是怎样延续 ALD 患者的生命。马斯卡廷反驳说:"我亲眼看着我的两个罹患 ALD 的儿子相继离去。我的大儿子很快离去,我的小儿子经过三年的挣扎才最后离去。在最后的两年中,他没有知觉,没有思想,看不见东西,与植物人无异。看着我小儿子的样子,我真希望他早一些摆脱种种折磨。奥多内夫妇,你们应该想到这种可能性——罗伦佐自己可能希望早一些获得解脱。"

罗伦佐的主治大夫也劝说奥多内夫妇:"罗伦佐已经承受了这么长时间的折磨,我不认为他应该继续如此。"他建议奥多内夫妇将罗伦佐送入"临终关怀"病房。奥多内夫妇非常纠结。

由于大脑和脊髓受到严重的损伤,罗伦佐不能说话、没有视力,离开了高强度的护理,很难自己维持生命。罗伦佐无法表达自己的愿望和选择。

罗伦佐有充分的理由选择放弃。在这种勉强维持的生命中，几乎没有任何乐趣可言，还要承受癫痫、呛咳带来的巨大痛苦。每一次简单的吞咽都是巨大的挑战。他没有知觉，没有记忆。

罗伦佐也有充分的理由选择坚持。经过奥多内夫妇的不懈努力，已经找到可以阻抑病情继续发展的"罗伦佐油"。医学的进步完全有可能找到修复受损脑组织的方法。如果医学研究获得突破，罗伦佐的病就有可能迎来转机。而且，正如奥多内先生所说："或许，我们的所有努力，都是为了别家的孩子。"

现实生活中，真实的罗伦佐坚持了 24 年，他 6 岁患病，30 岁时才去世。他的妈妈由于操劳过度和高度焦虑，先他 8 年于 2000 年去世。

2. 遭遇"怪病"，是依赖医学专家，还是"自力更生"？

奥多内是一位经济学家，奥多内夫妇都没有医学方面的专业背景。他们在恶补了关于 ALD 的知识之后，开始质疑医学专家和医疗系统。他们说：

"那些愚蠢的医生一头雾水，他们在黑暗中摸索，他们让我们的孩子尝试种种无济于事甚至是有害无益的治疗方法，既残忍又无用。我们不该盲目地将自己的孩子托付到这些医生手中，我们的孩子不应为此而受罪。

"这看起来好像是我们的孩子在为医学研究服务。我真蠢，我以前一直以为是医学研究在为我们的孩子服务。

"一个孩子生命的重量，在这些医学专家的天平上，抵不过他们的学术声誉和他们在同行中所受到的尊重。我们并不指望他们的同理心,并不指望他们的喝彩,仅仅指望他们能够多一些勇气。

"我虽然不是一个科学家,但我是一个患儿的爸爸。"

实际上,在奥多内夫妇尝试通过给罗伦佐服用"罗伦佐油"来缓解病情时,并未得到医学专家们的支持。罗伦佐油是一种经过特殊处理的芥子油。医学专家们根据"科学规范",反对进行这种尝试。以往大量的研究证据显示,芥子油具有种种损害健康的副作用,会造成多种内脏器官的损伤。医学专家们还指出,使用这种未经科学程序检验的"罗伦佐油"是违法的。因此,医学专家们拒绝对奥多内夫妇提供帮助。后来,在英国一家工业化工厂的一位即将退休的老工程师的帮助下,他们才获得了"罗伦佐油"。

是否应该遵循"科学规范"和相关法律?是否需要服从医学专家学术共同体的共识?对于这个问题,并没有唯一正确的标准答案,需要视特定的情景做出选择。

3. 能否在必要时使用未经科学检验的治病方法?

在服用"罗伦佐油"之后,罗伦佐的病情得到控制,阻止了病情的继续恶化。这时候,一些ALD患儿的家长也希望尝试这种方法。但是,由于这种疗法未经过符合规范的科学检验,遭到医学专家和"ALD患者救助基金会"的反对。医学专家说:我们不能仅仅根据一两例的"轶事证据"就贸然推广一种新疗法,这不仅是危险的,也是违法的。

基于不同的角色,站在不同的立场,可能做出不同的普乐好

审辩式思维：
看电影、读小说学习终身成长的思维模式

选择，他们的选择可能截然相反。作为医生，遵循医学共同体的共识，坚持科学规范，遵守相关法律，没有错；作为患病儿童的父母，首先考虑挽救孩子的生命，也没有错。

　　实际上，我们几乎每天都面临类似的两难选择。对此，我们需要不懈质疑，包容异见，更重要的是力行担责。

04 《芳华》：我不赞成你，但我理解你

电影《芳华》于 2017 年年底上映，关于这部影片，社会各界对此有截然不同的评论。一篇评论文章的标题是《你看到的芳华，是粉饰的芳华》，另一篇评论文章的标题是《〈芳华〉中被粉饰的太平》，还有一篇评论文章标题是《〈芳华〉是对悲剧的粉饰》。这些关于《芳华》的批评不能说全无道理。有人将电影与原著进行了系统的比较，认为如果说原著所描写的景象是"阴云密布"，那么，电影所呈现的最多也就是"晴间多云"，某些桥段甚至是"阳光灿烂"。电影通过刘峰这个正直、善良的人物形象，正面肯定了那个时代的图腾"雷锋"。小说中的两个主要领导者——政委和分队长，都被电影刻画为正直、善良的人。

另一些人对《芳华》进行了批评。一篇评论文章的标题是《老兵告诉你：〈芳华〉是一部抹黑我军的垃圾片》，另一篇评论文章的标题是《抹黑解放军，冯小刚是何居心？》，还有一篇评论文章标题是《老兵说：请不要抹黑我们的芳华》。这些文章批评这部电影抹黑了那个激情燃烧的岁月，抹黑了作风严肃的人民军队。电影的两位主人公刘峰和何小萍都是在军队生活的伤心人。电影所描写的好人刘峰生活在"雷锋"的阴影下，离开文工

团时甚至把奖状都扔了。何小萍在整个军队的生活中一直受到嘲笑和排挤。电影的两个主人公，一个沦落成受人欺侮的残疾人，另一个进了精神病院。

电影结尾处，萧穗子的一段旁白突出体现了电影对军营生活的看法："我是在 2016 年春天，孩子的婚礼上，见到了那些失散多年的战友的。不由暗自感叹，一代人的芳华已逝，面目全非，虽然他们谈笑如故，但是不难看出岁月对每个人的改变和难掩的失落。"一位老兵非常反感"难掩的失落"的说法，他在影评中写道："冯小刚并不能理解军人，不能理解英雄主义，也不能理解大时代。他只是以小市民的患得患失、斤斤计较去表现战争和牺牲，还带着一点对好莱坞战争大片的自惭形秽及邯郸学步。"

还有一个有趣的现象，在指责《芳华》的人中，有的人指责电影抹黑"前 30 年"，有的人指责电影抹黑"后 30 年"。这两种指责，在电影中都不难找到依据。

在我的朋友中，同样是老兵的，有的被电影感动得一塌糊涂，泪流满面；有的被电影气得怒发冲冠，骂不绝口。我非常了解我的这些朋友，我知道他们都曾经是正直勇敢的好军人，他们都由衷地为自己的当兵经历而感到自豪和骄傲。

这里，我们需要考虑两个问题。

1. "《芳华》是粉饰还是抹黑人民军队"这个问题是否存在唯一正确的标准答案？是否存在一个"客观"的答案？

具有"大批判思维"的人对此问题的回答是：存在。他们相信客观性，相信科学真理，相信理性，相信形式逻辑，相信可以用客观的、科学的、理性的、符合形式逻辑的方式来判断真理和谬误。因此，他们要捍卫真理，要用真理去批判谬误。

具有审辩式思维的人的回答是：不存在。他们理解只有主观真理，没有客观真理；只有个人的真理，没有众人的真理。因此，他们在坦率地、勇敢地、旗帜鲜明地坚持自己的真理的同时，也能包容他人的真理。他们对异见的态度是：我不赞成你，但我理解你。

2. 冯小刚拍电影的动机是什么？是否存在"抹黑"的动机？

为了宣传《芳华》，冯小刚在全国各地参加了许多场电影推介会，也多次谈到自己拍《芳华》的动机。

我拍这个电影其实就是为了追忆我们的青春，追忆有热血、有激情的那样一段生活，特别美好。多年来这个东西一直在我心里头成长。

本身穿着军装就是被全社会尊敬、仰视，在文工团这样一个特殊的单位就更加的荣耀。那段生活给我留下的是特别美好的记忆。我非常想把它拍出来。我没上过大学，我高中毕业就去了部队。是部队培养了我，刚好我又是一个导演，我有这种可能性把那段生活、那段记忆，那段无上荣光的风貌，通过大银幕展现给观众，把这个故事讲给观众听，把文工团女兵那种美感传递给今天的观众。这是我特别想做的一件事儿。

我当然非常爱电影里的这些角色，我和他们肯定是站在一个立场，和他们同呼吸、共命运。我拍这个电影是讴歌他们的。

我曾经看到过很多烈士墓碑。我们要把烈士们献身的精神，

审辩式思维：
看电影、读小说学习终身成长的思维模式

表现出来，让年轻人知道。

《芳华》不承载所有那些和政治有关系的功能。实际上更多的是来自我个人对这样一个集体的情感。我拍这个电影是为了怀念这段生活、这段经历，是为了讴歌这些人。所以我拍这个电影挺单纯的，在我心里头，如果高度概括，就用两个字：美好。

自己当年在文工团的时候，是在舞美队做布景的，根本没有机会接触到那些跳舞的女孩儿们。为此，我要拍这个电影，把当年的失落感找回来。❶

我个人相信这些话是冯小刚的真情流露。但是，其他一些人也可能不相信。

具有审辩式思维的人理解冯小刚拍《芳华》的动机。这种动机只有他自己知道，其他人既不可能知道，也不可能进行检验和确证。所有其他人关于动机的议论，都是废话。具有审辩式思维的人知道对这类无法确认的问题需要"闭嘴"。

美国国会议事程序的重要参考依据是《罗伯特议事规则》，其中写明："严禁攻击其他成员的动机。在提议待决的时候，可以用比较强烈的语言去指责提议的本质或者可能的后果，但必须禁止人身攻击，而且无论如何都严禁攻击或质疑其他成员的动机。辩论的对象必须是提议本身，而不是提议人，即'对事不对人'。"❷

---

❶ http://pic.people.com.cn/GB/n1/2017/0921/c1016-29549965.html.
❷ 罗伯特. 罗伯特议事规则[M]. 袁天鹏，孙涤，译. 上海：格致出版社，2008.

《罗伯特议事规则》的译者之一袁天鹏对此进行了讨论。为什么不能质疑动机？袁天鹏指出：第一，动机不可证，既然动机不可证实，一切揣测都将无意义，并且会折射自身的种种不堪；第二，要审议的不是某个人而是某件事，对动机的怀疑和揭露本身就是对议题的偏离；第三，利己性是人类共有的本性，在不侵害他人和社会利益的前提下，追求利益最大化并不为过，指责他人动机毫无意义。❶

白居易曾经有诗云："周公恐惧流言日，王莽谦恭未篡时，向使当初身便死，一生真伪复谁知？"在历史上的政治家中，有多少是受到流言谣诼诬谤的"周公"，有多少是得到朝野歌功颂德的"王莽"，不同的人会根据自己的偏好做出自己的评价，但这种评价并不能得到确证。因此，对于"是否存在抹黑动机"这个问题，要"闭嘴"。

我们所关注的并非对电影《芳华》的评价，而是如何汲取《罗伯特议事规则》的积极思想，发展学生的审辩式思维。房产税、遗产税、义务教育杜绝营利、继放开二胎后是否完全放开生育限制……我们今天面临许多复杂的问题，面临大量多维交织的利弊得失权衡，面临大量艰难的选择。深入的论证有助于做出看似合理的选择，有助于决策。今天，需要倡导基于证据的论证，需要培养对事不对人的讨论习惯。

---

❶ 寇延丁，袁天鹏. 可操作的民主［M］. 杭州：浙江大学出版社，2012.

05 《天空之眼》：该不该实施轰炸？

电影《天空之眼》由英国、美国、南非于 2015 年联合拍摄，2016 年在美国上映，2017 年在中国上映。豆瓣评分 7.8 分。

与今天许多穿插了复杂倒叙和跳跃情节的惊险电影不同，这部电影的叙事基本按照真实时间进行，叙事比较清晰，看起来不是很费劲。

英国反恐情报机构经过 6 年的艰苦努力，终于追踪到一位非常危险的女恐怖分子，准备通过无人机定点轰炸将其消灭。在准备执行时，发现在炸弹的杀伤范围内有一名 9 岁的卖馕的黑人小女孩。于是，轰炸的最后 1 秒投弹命令被取消，准备等到小女孩将馕卖完离开后再执行任务。同时，情报机关派出现场地面情报员，准备将女孩的馕全部买走。这时，监控发现，现场有两名自杀式恐怖分子已经整装待发，两次恐怖袭击即将发生。如果不及时将这两名极其危险的恐怖分子消灭，就可能造成 80 人死亡。是否为了避免 80 人死于自杀式恐怖袭击而牺牲卖馕的小女孩？反恐官员们陷入激烈的争论，英国的国防大臣、外交大臣、外交政务次官、情报机关首脑、美国国务卿、美国中情局高官等都被卷入这个非常艰难的抉择中。有人主张为了挽救 80 人的生命而牺牲小女孩，有人不赞成牺牲小女孩。由于涉及法律问题，英、美两国的一些法律方面的重要人士也被卷入决策过程。

主张实施定点轰炸的人认为，不能眼看着至少80人死于恐怖袭击而不予以阻止。反对轰炸的人认为，没有理由杀死一个无辜的女孩。

英国外交政务次官陈述了一个反对轰炸的理由：如果轰炸，那是英国政府杀死了小女孩，英国政府要承担杀害无辜的责任并受到攻击，对执政党造成负面影响；如果恐怖袭击发生，那么杀死80个无辜平民的是恐怖分子，与英国政府无关。反驳者认为，当80个无辜平民的生命受到威胁时，不该再有这种政治得失的考虑。

最终，轰炸命令下达，恐怖袭击被阻止，长期追踪的女恐怖分子被炸死，卖馕的小女孩也不幸遇难。

看完电影，留给我们的是有待审辩的问题：是否应该为了防止一场可能造成80人死亡的恐怖袭击而牺牲一个9岁的无辜女孩的生命？

审辩式思维的核心是：不懈质疑，包容异见，力行担责。这部影片用非常生动形象的艺术形式对审辩式思维进行了阐释。该不该实施轰炸？那些具有审辩式思维的人能够理解，在符合事实和符合形式逻辑的基础之上，基于不同的价值取向和个人偏好，人们可能做出不同的选择。一些人看似合理的选择，并不一定是另一些人的合理选择。

06 《一次别离》：法律之外，还需要信仰

伊朗电影《一次别离》是发展学生审辩式思维的一个好素材。此片获得第 84 届奥斯卡最佳外语片奖和最佳原创剧本奖提名，并获得柏林电影节金熊奖。

电影故事围绕一起伤害纠纷展开。为了女儿特梅能接受更好的教育，电影的女主人公西敏想移民离开伊朗。为此，她几乎做好了所有的准备，但丈夫纳德却不同意，原因是纳德身患老年痴呆症的父亲需要照顾。西敏一气之下回了娘家。不得已，纳德雇用了女工瑞茨照顾父亲。一次，纳德发现瑞茨将父亲绑在床头独自外出。愤怒之下，纳德将瑞茨解雇并推出了门外。

几天后，瑞茨将纳德起诉到法院，指控纳德将自己推下楼梯，造成已经 5 个月的胎儿流产。在法庭上，纳德否认自己将瑞茨推下楼梯，否认自己造成瑞茨的流产。最终，在妻子西敏和女儿特梅的劝说下，纳德同意支付瑞茨 1500 万里亚尔（约 3000 元人民币）实现和解。瑞茨一家负债累累，已经陷入绝境，急需这笔钱用于还债。

纳德和西敏带着支票本来到瑞茨家，在瑞茨亲戚的见证下，纳德开好了 1500 万里亚尔的支票。在将支票交给瑞茨的丈夫之

前，纳德提出一个条件：瑞茨面对《古兰经》发誓流产确实是由纳德造成的。尽管生活面临绝境，瑞茨仍拒绝了发誓，承认了流产并不是纳德造成的。她担心，如果面对《古兰经》说谎，惩罚会落到自己女儿的身上。

在这部电影中，至少有两个可以展开审辩式论证的好话题。

1. 为了维护社会公正，最重要的力量是法律还是信仰？

瑞茨确实是在与纳德发生纠纷（被纳德推出房门）之后流产了。瑞茨是否被推下楼梯、瑞茨的流产是否由纳德造成？并没有直接证据和目击证人。诉诸法律，并不能还纳德以公正。最终，由于信仰的力量，真相被揭开，纳德受到了公正的对待。

《一次别离》引起我的许多思考。经过多年的法制建设，今天相关法律已经更加健全、更加完备；各种层次、各个类型的法律服务也已经相当丰富。但是，与40年前的中国社会相比，类似于纳德与瑞茨之间的冲突是否因法制的完备和法律服务的丰富而得到了更公正的解决呢？对此，我很难给出简单的回答。

在人类历史上，多数时期各个民族都拥有不同的宗教信仰。近年来，由于信仰迷失，想当多的一部分国人的思想被拜金主义狂潮所席卷。在这个信仰迷失的时代，出现了让人感到揪心和失望的现象：一些曾经其乐融融的和睦家庭出现父子反目、母女争产、兄弟相残；一些曾经相濡以沫、情同手足的朋友变成不共戴天的仇人。

一个文明社会，当然需要有尽可能完备的法律，也要有尽可能丰富的法律服务。但是，法律只能是失道、失德、失仁、失义之后的最后一道保护屏障。

基于对《一次别离》的审辩式论证，我想到：没有法律万万不能，但法律并非万能。尽管在多数情况下我们都需要诉诸法律来维护公正，尽管这是我们无可替代的唯一选择，但在特定的情境中，仅仅依靠法律并不足以维护公正。法律之外，还需要信仰。法律和信仰，二者缺一不可。文明社会的建立，需要"法律"和"信仰"两个轮子两条腿。独轮车，走不稳；单腿蹦，行不远。制度与信仰相辅相成，互相不能代替。没有法律，就没有对最后"底线"的守护，没有责、权、利的统一，单靠信仰，独轮车单腿蹦，是行不通的。

对此我们要反对两种倾向：第一，法律万能论，只需健全法律，不需要信仰。实际上，当代文明国家的市场经济是以信仰为基石的。第二，信仰万能论，坏的制度，足以把"雷锋"变成电视剧《人民的名义》中的高育良、祁同伟和高小琴。为了减少这种"人变鬼"的悲剧，需要在制度建设方面下功夫。

2. 司法活动仅仅是"以事实为依据，以法律为准绳"吗？

《一次别离》使我更理解波斯纳法官对法律形式主义的反对。文前在讨论《我不是药神》相关主题时，已有相关阐述，此处不再赘述。

07 《英文系主任》：说出自己的良心选择

看完 2021 年 8 月播出的美国电视连续剧《英文系主任》之后，我清晰地认识到，提高审辩式思维水平不仅是中国人面临的任务，也是全世界共同面临的任务。

此剧 2021 年 8 月 20 日开始在美国网飞（Netflix）平台播出，由韩国裔演员吴珊卓主演。故事发生在虚拟的美国名牌大学 Pembroke 大学。韩裔女主人公金智允博士（吴珊卓饰）成为新任的英文系主任，她不仅是英文系的首位女主任，也是该系首位有色人种系主任。新官上任，她就遭遇了一系列棘手的难题：传统文科衰落，学生减少，资助减少；种族偏见，性别偏见；不利于创新创造的学术环境；几个暮气沉沉的资深教授……同时，她还被与养女珠珠的关系所困扰，复杂的工作难题中又纠缠了个人的爱情。尽管金智允努力扮演好自己系主任的角色，但复杂的环境和尖锐的冲突，使她焦头烂额，深感力不从心。

1. 政治正确与实事求是

故事中的主要冲突发生在坚持政治正确的学生们与被断章取义地诬陷为种族主义者和白人至上主义者的前系主任比尔教授之

审辩式思维：
看电影、读小说学习终身成长的思维模式

间。文学教授比尔在讨论第二次世界大战后的荒诞主义文学时，无心地开了一个玩笑，做了一个纳粹敬礼的动作。他的动作被学生用手机拍下，成为指责他是纳粹分子的"罪证"，最终演变成一场学生抗议运动。最终，比尔被逼停课，被禁止进入校园。是否取消比尔的终身教授资格问题，被提上日程。

左翼学生们对政治正确的坚守是应该肯定的，"没有政治正确就没有和平"，他们维护政治正确的热情难能可贵，他们不盲从权威教授的"不懈质疑"精神更需要得到保护。但是，这些学生显然缺乏审辩式思维。

一个具有审辩式思维的人知道，任何主张都必须基于事实之上，论证的第一步是对事实进行核查，确认事实来源的可靠性和完整性。在他们满怀激情地捍卫自己主张之前，他们并没有对事实认真地进行核实和细查。

一个具有审辩式思维的人不会忘记这样的一句教诲："你们不要论断人，免得你们被论断。因为你们怎样论断别人，也必怎样被论断；你们用什么量器量给人，别人也必用什么量器量给你们。"

一个具有审辩式思维的人并不是是非不分的。

这些坚持政治正确的青年学生固然有可爱的一面，但是，由于他们缺乏审辩式思维。由于他们缺乏"包容异见"的精神，他们事实上已经对无辜的金智允和比尔造成了伤害。

在这种局面之下，比尔面临了艰难的选择，或者违心地道歉，或者失去终身教授的资格。比尔一度为了支持金智允而选择妥协，但最终他改变了主意。故事结尾，比尔准备继续为捍卫自己的合法权利进行抗争。

女主人公金智允开始希望息事宁人,劝比尔进行妥协。后来,在年轻的黑人教授雅兹的启发和鼓励下,她勇敢地说出了自己的良心判断,离开了系主任的位置,重新成为一名普通教师。

2. 革新创新与因循守旧

故事的另一个重要冲突发生在进取创新的年轻教授雅兹与暮气沉沉的老教授艾略特等人之间。雅兹与艾略特讲授着相同的文学课程,雅兹在自己的课堂上引入了许多新的内容和新的课堂形态,在学院最大的讲堂中上课,仍然是座无虚席。相反,资深教授艾略特使用着 30 年不变的教案和讲义,课堂上仅有 3 名学生。与此同时,艾略特却掌握着评审雅兹成为终身教授和讲座教授的权力。故事结尾,受到不公平对待的雅兹,离开了 Pembroke 大学,凭借自己的学术成果,被耶鲁大学聘为讲座教授。

我本人在大学中生活了四十多年,对大学中这种不利于创新创造的局面有深切的感受。2004 年 12 月 8 日的《中国青年报》刊登了我的文章《相比之下还是"盖大楼"好一些》。我在文中说:"从今天中国大学的实际出发,与其花钱让那些可疑的行政领导去聘请那些可疑的'大师',贻害青年,误人子弟,还不如花钱多盖一些大楼,让更多的青年有机会进入大学,以书本为师,以同学为师。"

感谢那时的《中国青年报》编辑帮助我说出了这些不吐不快的话。怎样在大学中构建更有利于创新创造的环境?这是今天中美两国的大学共同面临的问题。

3. 职场妈妈与"熊孩子"

影片故事中还贯穿了作为职场精英的金智允与墨西哥血统养女珠珠的冲突。作为一个单亲家庭中的养女，珠珠的性格中有一些怪癖。电视剧中所呈现的冲突，反映了儿童教育中的一些普遍问题：如何在保护兴趣的同时积极引导？如何在尊重自由的同时帮助孩子建立规则意识和学会遵守纪律？怎样在"职业女性"和"妈妈"这两个角色之间保持平衡？……在子女教育方面，电视剧也可以给我们带来一些启发。

聪明的人善于从别人的失败中汲取教训。今天，美国所面临的种种困扰，有些是我们同样正在面临的困扰。如一些衰老昏聩、故步自封的学术遗老压制锐意创新的新生力量，如儿童成长中的自由发展与纪律约束的矛盾，传统家庭解体，生育意愿降低，等等。电视剧引起我们的思考，一方面可以帮助我们更好地解决今天自己的问题，另一方面可以避免未来可能的决策失误，避免重蹈他人的覆辙。

看完这个电视剧，更坚定了我的信念：必须将发展学生的审辩式思维确定为包括小学、初中、高中、大学、研究生各个学习阶段的主要学习内容和学习目标，确定为包括语文、数学、物理、化学、历史、政治等在内的各个学科的主要教学任务和教学目标。建设"思维课堂"，首先的考虑不是"智育"，而是"德育"。发展审辩式思维固然是为了创新型人才的成长，更重要的是为了建设文明理性的社会。

08 《十二怒汉》：不懈质疑的精神

亨利·方达主演的《十二怒汉》由米高梅公司出品，1957年上映。这是一部典型的"小成本制作"，全片几乎只有一个场景：法院中狭小的陪审团会议室。全剧没有任何强烈的感官刺激和视觉冲击，没有出现一个女性。但是，此片不仅获得了第30届奥斯卡金像奖的最佳影片、最佳编剧和最佳剧本三项提名，还摘取了第7届柏林电影节的金熊奖，产生了持久的影响。在半个多世纪之后的今天，仍然可以带给人们启发和思考。

影片中，一个在贫民窟中长大的男孩被指控谋杀生父，法庭上，证人的证词和凶器都显示证据确凿，似乎是铁证如山。此案的陪审团由12个普通人组成，包含建筑师、股票经纪人、中学体育教师、广告商、推销员、退休警察、钟表匠等。按照美国的法律规定，对判决结果12人必须取得一致，否则，就将另组新的陪审团，重新开庭。

一开始，绝大多数人认为被告的罪行毫无疑义，讨论不过是履行一个必要的程序，走走形式。但是，第一次表决的结果是11∶1，由亨利·方达主演的8号陪审员、建筑师戴维投了反对票。他并不确认被告无罪，只是感到人命关天，需要对可能存在的疑点进行一些深入的讨论。伴随讨论的深入，新的疑点被逐渐发现，法庭上控方的几个几乎不容置疑的关键证据被推翻。伴随讨论的深入，表决结果出现了戏剧性的改变：10∶2，9∶3，8∶4，6∶6，3∶9，1∶11。最终，12个陪审员达成了一致意见——无罪。

在讨论过程中，多次出现激烈的争论和交锋，"怒汉"之间甚至险些发生暴力冲突。电影跌宕起伏、高潮迭起，引人入胜。电影是一项合作的艺术，只有出色的编剧、导演和演员偶然相逢，才可能产生优秀的影片。《十二怒汉》就是这样的一部优秀作品。

这部影片恰好用非常生动形象的艺术形式对审辩式思维进行了阐释。由于被告是出生于社会底层的移民少数族裔，自己请不起律师，法院为被告指派了公益律师。疏忽的检察官和不称职的律师，险些将一个无辜的人送上电椅，险些酿成大祸。正是由于戴维等人所表现出的"不懈质疑"的精神，才补救了缺乏审辩式思维的检察官和律师的疏漏和错误。正是12位陪审员身上所表现出的"包容异见"的精神，才最终平息了激烈的冲突，弥合了意见分歧。

具有审辩式思维的人能够理解，许多情况下，分歧并不是对错的区别，也不是合理与否的区别，它们的区别在于是否属于看似合理的一项。在一部分人看来属于看似合理的选择，在另一部分人看来可能并不属于看似合理的选择。

戴维在第一次表决时投出"无罪"一票时，他并不能确认自己的看法是"正确"的。事实上，直到最后大家一致给出了"无罪"的意见，大家也不能确认被告不是凶手，也不能确认给出的是"正确"的意见。经过讨论，大家达成的共识是：没有足够的证据可以确认被告是凶手。根据疑罪从无的基本法律原则，只能给出无罪的意见。戴维在说出了自己的疑问后，他提议再表决一次，他说，如果再次表决的结果仍然是11∶1，他就放弃自己的意见，服从多数人的意见。一方面，戴维表现出不懈质疑的精神，另一方面，戴维也并不打算在证据不足的情况下固执己见。结果，他得到了9号陪审员的支持，第二次表决的结果是10∶2。

具有审辩式思维的人能够理解，在符合事实和符合形式逻辑的基础之上，基于不同的价值取向和个人偏好，可能存在多种看似合理的选择。影片生动地向观众展示了这些不同偏好产生的影响：有的人存在种族偏见，有的人存在关于贫富的阶层偏见……

影片还可以引起我们进一步的思考：将裁判权交到一些素质参差不齐、很容易受到情绪左右的非法律专业人士的手上是否合理？美国的陪审团制度存在哪些缺陷和弊端？"全体一致"的原则是否合理？是否可以采用多数决定、三分之二决定或者四分之三决定的裁决方式？在民主社会中人们应当如何行使自己手中的权力？保护嫌疑人的权利和惩治杀人犯，都包含着对生命的尊重，二者之间怎样寻找合理的妥协点？……

为了提高审辩式思维水平，去看看亨利·方达主演的《十二怒汉》吧。

09 《我不是潘金莲》：不应以课本为世界，而应以世界为课本

看完冯小刚导演的《我不是潘金莲》，走出影院，我心中留下了太多需要审辩的问题。

法官王公道究竟应该怎样公道地判决李雪莲案？
怎样才能使坚持告状的李雪莲回心转意？
李雪莲为了争一口气搭进十几年的宝贵青春，值得吗？
俗话说"坚持就是胜利"，是否任何事情上都应该坚持？是否有时需要"放弃"？
李雪莲案中，两任县长、两任市长，应该承担怎样的责任？
因李雪莲案，法院院长、县长、市长不仅丢掉官职，甚至丧失了前程。他们有没有冤屈？
以假离婚手段在住房保障和计划生育方面钻国家政策空子的李雪莲，值得同情吗？
……

还有许许多多的问题，似乎像一团乱麻，理不出头绪。

偶然，我想到自己少年时代看过的喜剧电影《今天我休息》。此片由上海电影制片厂拍摄，1959年上映，仲星火主演，是仲星火的成名作品。剧情大意是：派出所所长的爱人给民警马天民介绍了一个对象——邮递员刘苹，并让马天民休息日去会面。一天中，所长爱人先后为马天民安排了三次约会，热心助人的马天民却一再延误或失约。赴约途中，马天民遇到一个骑自行车的年轻人不遵守交通规则，横冲直撞，就上前进行劝阻。他帮助一位路遇的老农救起了掉在河里的小猪，又帮老农解决了猪饲料的困难。他将一个得了急病的小孩送到医院。三个戴红领巾的小朋友送来了一个捡到的钱包，钱包中不仅有不少钱，还有明天去兰州的火车票。马天民急失主之所急，经过许多周折，终于及时找到了失主……因而，见刘苹的约会一误再误。刘苹以为他没有诚意，对他很冷淡。没想到，马天民曾经帮助的老农恰好是刘苹的父亲。刘苹知道原委后，不仅原谅了马天民，而且喜欢上了这个朴实憨厚、乐于助人的好警察。

电影的原型是上海一个派出所的民警马人俊，他是上海市劳动模范，公安部"一级英模"。

我一想到电影《今天我休息》，《我不是潘金莲》中那些乱麻一样的问题一下子就理出了头绪，我心中一下子就感到豁然开朗。两部电影中都出现了警察，两部电影都涉及警民关系，两部电影都在讲述一些琐碎的小事。有比较，才有鉴别。通过比较两部电影，我看到了"人性的幽暗"，也看到了"人性的光明"。通过比较，我看到了"人人害我、我害人人"的囚徒困境，也看到了"人人助我、我助人人"的"共存乌托邦"。

我由此想到，即使由于种种约束条件我们暂时还不能完全抛开教科书，至少也应该为学生提供两种不同的"教科书"。2009年我在《领导者》杂志第28期发表了《条件具备的学校可以考虑取消中小学语文教科书》一文。当时，此文在许多人眼中属于"异想天开""天方夜谭"。仅过去短短几年时间，许多人已经开始与我产生了共鸣。这种共鸣，折射出我国在转变教育观念方面所取得的进展。

其实，早在2000年，山东潍坊北海中学的韩兴娥老师就已经开始尝试同时使用两种语文教科书。韩老师从2006年就已经开始"课内海量阅读"的实践，一学期中只用两周时间就将传统语文教科书中的内容讲完。从2007年开始，全国模范教师、内蒙古包头市土默特右旗党三尧中心学校的石皇冠老师就从小学一年级开始抛开了语文课本，探索了一条不靠教科书学习语文的道路。从2010年开始，中国人民大学附中语文教师于树泉就悟到"不应以课本为世界，而应以世界为课本"的道理，从初一年级开始就对教科书进行大幅调整，将更多时间用于阅读经典。韩老师、石老师和于老师的实践都走在了我的设想之前。

通过对《我不是潘金莲》和《今天我休息》这两部影片的对比，我想到教科书是否应有两种不同的版本，最好是两种观点迥异的版本。通过比较两种不同的观点，可以发展学生的审辩式思维，发展学生的论证能力，发展学生面向未来的核心能力。

10 《老炮儿》：切勿简单地理解一个复杂的人物

电影《老炮儿》公映，客串演员冯小刚以及许晴、张涵予等，用自己精湛的演技征服了观众，为观众带来了一次艺术的享受。

《老炮儿》引起了截然不同的反响，有人叫好，有人喝倒彩。叫好的人认为，此片用生动的电影艺术语言告诉观众：人生中，在金钱之外，还有一种值得追求、值得捍卫，甚至不惜付出生命去追求的东西——尊严、不计得失的爱情、生死之交、信用等。

电影表现出对小人物的同情、怜惜和尊重，表现出对那些敢去撞石头的"鸡蛋"的敬重，描写了没有机会分享中国经济发展果实的底层百姓的艰辛和顽强。电影用辛辣、娴熟的手法揭露和抨击了今天社会上存在的种种弊端：贫富差别、趋炎附势、纸醉金迷、冷漠、懦弱、犬儒……

喝倒彩的人说，电影中粗口太多，流氓色彩太浓。讲规矩、有情怀的流氓，仍然是流氓，无论老少，都不值得我们去同情和尊重。流氓从来都是流氓，他们之间可能苟合抑或倾轧，但对待弱小良民同样靠拳头和暴力维护自身利益。流氓的迭代更新没什么本质上的差别。火并的戏份在黑社会里几乎每天上演，没有什么稀奇。一个老流氓失落了，吃不开了，没有什么值得惋惜的。

在反对的声音中，一篇题为《打倒一切流氓》的文章具有一定的代表性。该文认为："古往今来，在《水浒》一类文艺作品中，往往将讲义气的黑社会老大描写成行侠仗义的英雄，对老百姓的保护往往比政府更有力。这只是斯德哥尔摩综合征在起作用，这只是一种弱者的畸形思维。"

文章结尾时说："尽管我从来都不喜欢'打倒××'那种充满阶级斗争的句式，但是今天忍不住破例用一次，无论如何，我都要说'打倒一切流氓！'"

具有审辩式思维的人理解，六爷是一个活生生的人，是一个非常丰富的人。他们会从情怀、天分、教养、视野、学识等不同方面去对他进行审辩，他们不会徒劳无益地试图去揭示一个艺术形象或真实人物的"本质"，不会简单化地理解一个复杂的人物。那些具有审辩式思维的人能够理解，一部分人对《老炮儿》以及相关历史事件看似合理的评价，在另一部分人看来可能并不属于看似合理的评价。

11 《毛丰美》和《卒迹》：努力做一个比较纯粹的人

毛丰美是辽宁凤城市大梨树村党支部书记，于 2014 年 9 月不幸因病去世。2017 年，在一次出国的长途飞行中，我在飞机上看了电影《毛丰美》，印象深刻。2017 年 10 月 28 日，我专程走访了毛丰美同志生前工作和生活的大梨树村，亲眼看见了他与乡亲们几十年"同心干"所取得的成果。

毛丰美曾经面临过两次重要的人生选择。1981 年，他凭借自己的手艺，已经成为村里先富起来的人，小日子过得红红火火。大家推选他当村里的带头人。干，还是不干？他知道，如果干了，自己就很难再"先富起来"，就需要带领全村百姓共同富裕。最后，他选择了带领大家一起干。

在 20 世纪 80 年代后期，由于工作成绩突出，县里提拔他当县畜牧局副局长。这是一次从农民到干部的身份转变，也曾经是他自己和家人的梦想。但是，看到乡亲们期待的目光，他选择了留下来。

在担任大梨树村党支部书记的三十多年里，毛丰美始终把为民解忧、为民造福作为不懈追求的目标，满腔热忱为村民做好事、办实事。他把有限的生命几乎全都用到村集体的建设上，直

审辩式思维：
看电影、读小说学习终身成长的思维模式

到生命最后一刻。

毛丰美坚信，喊破嗓子不如做出样子，他总是干在最前面，自己干最苦、最重的活。他常说："我干轻快活，重活留给谁？"

从 20 世纪 80 年代开始，大梨树村组织了大小会战近百场，出工 10 万多人次，治理荒山 20 多座，修建了近百公里的环山作业道、18 公里绿色长廊，建成 2 万多亩果园，栽种桃、梨、苹果、葡萄、板栗等优质果树 100 多万株，整治了 70 多条沟壑，并在沿沟沿河两岸栽植景观树。经过多年苦干，如今大梨树村年产值达到 14.2 亿元，集体资产 4 亿元，年人均收入超过 2 万元，村集体每年为村民提供多种福利待遇，村民的幸福指数不断提升，先后被授予全国生态文化村、中国幸福村庄、全国文明村、全国旅游示范村等荣誉称号。

今天大梨树村已经建设了高标准的村史馆、文体宫，组建了村民文体队伍，创办了思想、文化、道德、教育和影视基地。

毛丰美 1993 年当选为第八届全国人大代表，他连续担任了 5 届全国人大代表。从 1998 年开始，毛丰美提出"取消农业税"的建议，经过多年坚持，2006 年终于将最初似乎异想天开的想法变为了现实，真正尽到了一个农民全国人大代表的责任，为全中国的农民卸掉了一项负担。

在他当全国人大代表的 21 年中，他总共提出近二百件建议和议案，包括降低农村的电价，实行城乡电费统一标准；向农民提供贷款，加强信贷对农业的支持；提高粮价，保护农民的种粮积极性，等等。

2016 年经中央领导同意，中共中央组织部决定追授毛丰美同志"全国优秀共产党员"称号。

电影《卒迹》是一部以河南省濮阳县庆祖镇西辛庄村党支部书记李连成为原型创作的故事片,讲述了李连成带领西辛庄村民走上共同富裕道路的故事。因电影中主人公的名字是"二卒",所以电影名字是"卒迹"而不是"足迹"。

李连成1951年出生,1991年开始担任西辛庄村党支部书记。他没有读过一天书,没有文化,却说了一些非常平实的话:

"个人富不算富,群众富才是真富。

"当干部就应该能吃亏。

"当干部,就要带头,带吃苦的头,带吃亏的头。

"干啥的人就有啥瘾,喝酒的人有酒瘾,抽烟的人有烟瘾,跳舞的人有舞瘾,我当支部书记就要带领群众致富,我有发展瘾。我现在搞企业,搞发展有瘾了。

"走群众路线,我的理解是:群众反对啥,咱就别干啥;群众拥护啥,咱就去干啥。"

从1991年担任村支部书记之后的26年中,他以身作则,在西辛庄村营造了一个干部廉洁奉公的好风气。他自己没有喝过村里一杯酒,个人没有花过村里一分钱。同时,也不用公款请来村考察的领导和客人吃饭,多年来村里没有买过一盒烟、一瓶酒,也没有报销过一分钱的招待费。

他担任村党支部书记以后,无偿把自家的几个效益很好的塑料大棚让给了贫困户,帮助他们脱贫。20世纪90年代初,他创建了一家股份合作制企业,村里13家企业入股。企业赚钱后,他耐心地做其他12个股东的工作,把效益很好的造纸厂转让给

审辩式思维：
看电影、读小说学习终身成长的思维模式

全村群众，实现了家家有股、户户分红。在新村规划建设中，李连成不顾家人的反对，拆除了自家宅基地上新建的小洋楼，把最好的宅基地让给群众，而自己选择了最偏僻、最差的一处洼地建自家住宅。李连成用自己的牺牲，争得了村民的理解，使新村建设规划得以施行。

西辛庄村有960亩地，172户，720人。今天，20多家企业入住西辛庄工业园区。2016年全村产值达到18亿元，集体资产已经达到10亿元，年人均收入超过27000元。在西辛庄的就业人数达到12000人。

如今，西辛庄村家家住进205平方米的别墅式小洋楼，户户烧的是天然气，村民用水、用电、看病吃药都不花钱，孩子上学全免费，还有全市一流的村办小学、敬老院和医院，以及融宾馆、餐饮、超市、商务、培训为一体的综合性服务大楼和村文化广场。村集体投资9000万元盖起了一座高标准的民生医院，所有的医疗设备属于濮阳市最先进的。村里群众看病，除"新农合"报销过的，剩余的再由村委会来报。目前，群众看病不出村即可完成。

西辛庄定期开展文化娱乐活动，经常举办农民运动会、文艺晚会，村民享有丰富的文体生活。村里赌博打牌的少了，学科学、学技术、学知识的多了；酗酒肇事的少了，干事创业的多了。全村多年未出现犯罪现象，没有一个上访告状者。全村孝敬老人蔚然成风。

电影《毛丰美》和《卒迹》是部分中国农村发展历史的真实记录。这些村庄，在偏爱共同富裕的带头人的带领下，团结合作、艰苦奋斗、实干苦干,壮大了集体经济。依靠集体经济的力量,村民们在市场经济的大海中抱团取暖,提升了对市场风浪的抗击能力。他们不仅为自己创造了富足的生活,更重要的是创造了有尊严的生活、文明的生活。大梨树村和西辛庄村,以及河南刘庄、江苏华西、河北周家庄等数以千计的中国村庄,与那些更多摧毁了集体经济的村庄,形成了鲜明的对照。前者欣欣向荣,后者凋敝消亡。

在我的职业生涯中,我的研究方向是心理测量学,主要的研究对象是人的个性,是人与人之间的个体差异,是人与人的不同。几十年的职业生涯告诉我,人与人之间的个体差异是很大的。

这种差异体现在酒量上。在酒桌上,我看到有四种人:第一种,既爱喝酒又能喝;第二种,爱喝但不能喝;第三种,能喝但不爱喝;第四种,既不爱喝也不能喝。与此类似,在致富路上,我也看到有四种人:第一种,既有先富的欲望也有先富的能力;第二种,有先富的欲望但没有先富的能力;第三种,有先富的能力但没有先富的欲望;第四种,既没有先富的欲望也没有先富的能力。

我看到,毛丰美和李连成,以及河南刘庄的史来贺、河南南街的王宏斌、江苏华西的吴仁宝、河北周家庄的雷金河、广东崖口的陆汉满等人,都属于第三种人。他们有先富起来的能力,但没有先富起来的欲望。他们偏爱共同富裕,他们带领着自己的乡亲们,实现了共同富裕。

毛丰美、李连成、史来贺、吴仁宝等人的意义在于,他们用

审辩式思维：
看电影、读小说学习终身成长的思维模式

自己带领乡亲们走上共同富裕道路的行动告诉我们，世上确实存在一些有先富起来的能力但更愿意带领乡亲们共同富裕的人。

毛主席曾号召大家向白求恩同志学习，做一个"有利于人民的人"。他说："一个人能力有大小，但只要有这点精神，就是一个高尚的人，一个纯粹的人，一个有道德的人，一个脱离了低级趣味的人，一个有益于人民的人。"看了电影《毛丰美》和《卒迹》之后，我感到毛丰美和李连成都是比较纯粹的人，他们的目标很清楚：造福乡里，带领自己的乡亲们实现共同富裕。我想到，作为一个普通人，我们不一定要奢望自己能够成为高尚的人，但是我们可以以白求恩、毛丰美、李连成等人为榜样，努力做一个比较纯粹的人。

12 《季风中的马》：文明扫荡文化

宁才导演的电影《季风中的马》于 2003 年上映。2005 年，该片在第 25 届夏威夷国际电影节上获得亚洲电影大奖。电影讲述了一个牧民因草原连年沙化，最终被迫退出草场迁往城镇的故事。

电影的主人公是牧民乌日根。眼看着周围的牧民都相继卖掉了马匹、羊群，拆了蒙古包，搬到城里去寻求新的生路，乌日根却仍然坚持着。他认为自己是个牧民，草原才是自己的家，不愿接受沙进人退的严酷现实。在进行了徒劳的抵抗之后，乌日根最终还是告别了自己相依为命的白马，和妻子一起走向城市。

导演宁才说："我要拍这部影片的原因是，1986 年我在锡林郭勒草原拍电影时看到那里水草丰美，景色如画，十多年的时间过去了，等我再来到这片草原时，看到草场退化严重，心里很难过。保护生态、保护我们美好的家园是大家共同的心愿。"

我清楚地记得，看电影那天，来自阿拉善草原的蒙古族才女娜仁花坐在我的身旁。几乎在整个电影的放映过程中，她都在啜泣。我完全理解她。与锡林郭勒草原相比，她的家乡阿拉善草原的局势更加严峻。

审辩式思维：

看电影、读小说学习终身成长的思维模式

尽管电影《季风中的马》在艺术处理和导演手法方面存在一些缺憾，却仍然用电影语言勾勒出一幅当代社会"文明扫荡文化"的图景，仍然让我这样一个曾亲眼看着一个鲜活的文化被碾碎在文明的推土机下的人，感受到来自心底的颤抖，让我那已经几乎麻木的心，又一次清晰地感受到刺痛。

我于1967年下乡到位于中蒙边境的内蒙古锡林郭勒盟东乌珠穆沁旗额仁高比公社额仁高比大队插队落户。1978年通过参加高考离开生产队，在牧区生活了11年，其间一直没有离开牧业。

我下乡时的额仁高比公社距离旗所在地（县城）150千米，距离锡林浩特市（地区首府）250千米，属于全内蒙古最闭塞、最落后的地区，带有很大的原始社会色彩。内蒙古受到来自两个方面的现代文明的影响，一是来自南部张家口、集宁、呼和浩特等一线的影响，二是来自东部通辽、白城、乌兰浩特等一线的影响。东乌珠穆沁旗恰好处在两个文化影响范围的死角，而额仁高比公社又是几乎唯一一个较完整地保持了老东乌旗特点的公社。或者说，是全内蒙古为数不多的较少受到现代文明影响的公社。

11年中，我亲眼看见了千年历史铸就的草原游牧文化的绚丽多彩，亲身经历了草原上那种无忧无虑、节奏缓慢的生活，亲身感受了草原牧民那种知足常乐、与世无争的平和心态，深切体验了草原人的淳朴和心地单纯，直接受惠于草原牧民的宽厚心胸和悲悯情怀。

从北京到草原，11年后又从草原回到北京，巨大的反差使我真切地感受到，被"市场原则"主导的现代生活与被"快乐原则"主导的草原生活，属于两种完全不同的文化。

20世纪70年代初，作为一名马倌，我经常为了寻找丢失的马匹而外出，少则三五天，多则十天半个月。那时，我并没有在身上带钱的习惯，总是走到哪儿就吃到哪儿，喝到哪儿就住到哪儿玩到哪儿。一年夏天，一个年轻的"马父亲"（公马，我们称为"儿马"）在蚊子的袭击下，带着自己家族的二十几匹马跑丢了。我带着可供轮流换骑的两匹马，一路寻访，最后从几百里以外的哲里木盟扎鲁特旗将这些马找了回来。往返行程十多天，一路吃喝玩乐，身上没带一分钱。

我到内蒙古时只有16岁，身材矮小。那时，与我感情最深的老"额吉"（蒙语中妈妈的意思）嘴中经常念叨的一句话翻译过来意思是："人家的母亲不容易。"在她心中，没有利益的交换，只有一位母亲对另一位母亲的理解。基于这样一种本能的"幼吾幼以及人之幼"的情怀，她在方方面面给予我许多呵护和照顾。

在我们大队千余平方千米的土地上，只有六十几户二百多人，但集体娱乐活动非常丰富。最让我难以忘怀的是1969年冬天的大雪灾。我们大队所在的额仁草原（小说《狼图腾》中所说的"额仑草原"），是全内蒙古最好的天然草场。在这场雪灾中，南部一些旗县的牲畜几乎死绝。额仁草原以自己宽广的胸怀迎接了来自东乌旗其他公社、阿巴嘎旗和东苏旗的牧民和牲畜。尽管这一年冬天我们大队的牲畜最后因为草场被吃光而死掉了一半，牧民们并没有为了保护自己的牲畜而将前来避灾的客人拒之门外。不仅没有拒之门外，而且为这些难得一聚的远方朋友的到来而欢欣鼓舞。不同公社、不同旗县的牧民们，在额仁草原上举行了一场长达月余的"冬季那达慕"，度过了一个狂欢节式的冬天。牧民们这种"快乐胜于财富"的心态，是那些生活在被市场原则所支配的现代社会中的人很难理解的。

近年来，经常有旅游者深入草原腹地对草原的景色赞叹不已。这些赞叹并不能抹平我内心深处的伤感。我清楚地知道，我曾经见到过的内蒙古草原景观，无论是自然景观还是人文景观，都难以再现了。那些绵延数里、数以千计的成群黄羊，那些随处可见、成群结队的旱獭，那些雨后突然成片冒出的白蘑菇，已经永远地消失了。那种"身无分文、走州过县、吃喝玩乐"的人文体验，那种"老吾老以及人之老、幼吾幼以及人之幼"的民风人情，已经成为远去的回忆。

今天，生物多样性已经成为人类关切的问题。既然动物和植物尚需要多样性，文化就不需要多样性吗？人类已经认识到，对生物多样性的破坏可能会危及人类自身的生存。那么，对文化多样性破坏的结果将会带来什么样的后果呢？

13　《摔跤吧！爸爸》：是"好爸爸"，还是"狼爸爸"？

《摔跤吧！爸爸》是超级明星阿米尔·汗主演的一部印度电影。电影讲述了印度摔跤全国冠军马哈维亚·辛格·珀尕的真实故事。他虽然获得了全国冠军，但未能赢得世界级金牌。他本来希望培养儿子来实现夺取世界冠军的梦想，但连生了四个女儿。于是，他开始教女儿摔跤，最终他的大女儿吉塔夺取了英联邦运动会摔跤比赛冠军。

《摔跤吧！爸爸》涉及了两个话题，一个是子女教育问题，另一个是妇女权利问题。关于此片，也可以从这两个方面来展开审辩。

在子女教育方面，有人认为马哈维亚是一个称职的好爸爸。正是由于他的努力和坚持，改变了两个女儿早早出嫁成为家庭妇女的命运，为女儿们开拓了更广阔的生活空间，使女儿们获得了更丰富的人生体验和个人事业的成功。还有人认为，"狼爸"马哈维亚的子女教育观念非常落后和陈旧，他缺乏对女儿个性和兴趣的起码尊重，仅仅将女儿视为实现某种目的的工具。无论这种目的是实现他自己的个人梦想还是满足他个人的虚荣，抑或是为国家争取荣誉，都不应将子女视为工具。做一个功成名就的摔跤

审辩式思维：
看电影、读小说学习终身成长的思维模式

冠军还是做一个相夫教子的贤妻良母？这应是女儿自己的个人选择，父母不应越俎代庖替子女作出选择。只有子女自己作出的选择，才能为子女带来获得感和幸福。

在妇女权利方面，有人认为马哈维亚为提高妇女地位作出了突出的贡献，他不仅使自己的两个女儿摆脱了对男人的依附，获得了独立和自立的生活，而且给印度千千万万妇女以鼓舞，促进了印度社会中妇女地位的提高。还有人认为，马哈维亚的两个女儿吉塔和巴比塔并没有真正享受到现代女性应该享受的平等权利。这种平等权利首先体现在选择的自主性和独立性，但是吉塔和巴比塔不仅不具备选择的自主性和独立性，甚至根本就没有争取自主性和独立性的意识。因此，她们并没有改变依附于男人的命运，在争取妇女权利方面，并不是现代女性值得效仿的楷模。

那些不具有审辩式思维的人会追问：马哈维亚本质上是一个"好爸爸"还是一个"狼爸爸"？教育子女的正确方式是什么？现代独立女性的本质特征是什么？

具有审辩式思维的人理解马哈维亚是一个活生生的人，是一个非常丰富的人。他们不会简单化地理解一个复杂的人物。具有审辩式思维的人理解对于一部涉及子女教育和妇女权利等现实问题的文艺作品，观众具有不同的偏好、不同的经历、不同的成长背景，见仁见智是再正常不过的事情。

审辩式思维的四字真言是"这取决于"。如何评价马哈维亚的子女教育方式，在一定程度上也需要取决于特定的社会、经济、文化、心理背景。在欧美发达国家，家长如果采用马哈维亚

这种"狼爸爸"的教育方式，很少会得到理解和赞扬，也很少会取得好的效果。在今天中国的城市中，马哈维亚那种完全不考虑子女自身兴趣爱好的教育方式，常常会摧残孩子的学习兴趣，常导致孩子"厌学"，甚至可能造成家庭悲剧。但是，在印度的文化环境中，马哈维亚的选择是可以理解的。

14 《起跑线》：比进名校更重要的是人生成长

《起跑线》2017年在印度上映，2018年4月在中国上映。电影启发我们思考：我们要发展什么样的教育？我们要建设什么样的社会？

电影主人公拉吉是一家服装公司的老板，生意红火，事业有成。拉吉夫妇为了让孩子从小就能获得最好的教育，为了不让孩子输在起跑线上，使尽了浑身解数，试图帮助女儿通过私立学校的入学测试。他们不仅让女儿上培训班，给女儿请家教，而且自己也接受培训，以便应付私立学校对家长的面试。

电影中拉吉的妻子米塔多次重复的一句话是："如果女儿皮娅进了公立学校，她就可能跟着坏（穷）孩子学坏，甚至可能吸毒，女儿的人生就完了。"

当拉吉夫妇的种种努力失败以后，为了女儿的前途，他们决定铤而走险，采用贿赂和造假的方式，将女儿送进私立名校。但最终拉吉夫妇放弃了自己千辛万苦才争取到的名校机会，将女儿送进了公立学校。拉吉最终觉悟到，虽然自己的动机仅仅是为了给女儿争取一个好一些的教育环境，但是，自己已经在不知不觉中突破了"不作恶"的人生底线。他想到，对于女儿未来的人生成长,比进名校更重要的,是让女儿拥有一个正直、诚实、善良的父亲。

电影中私立名校的校长洛达女士是一位值得关注的人物。她自己出身寒门,凭借个人的努力,突破了阶层间的樊篱,逆袭步入上流社会。但是,她被自己拥有的巨大资源和权力所腐蚀,成为既得利益的维护者。

《起跑线》的主题,是中国城市几乎每一位家长都非常熟悉的话题,是几乎每一对父母都经历过或将要经历的一件人生大事。排长队报名,参加培训班,请家教,带孩子接受面试,家长接受学校的面试……这些电影情节,中国的家长们并不陌生。

给我留下深刻印象的,是印度的教育环境和社会环境。看完电影后,我强烈的感受是:中国教育一定不能印度化,中国社会一定不能印度化。

我完全理解在人才和资源配置方面,市场具有不可替代的作用。许多领域,包括中国的后义务教育(包括高中教育、大学教育、高等职业教育和继续教育)领域,都需要充分发挥市场的决定性作用。但是,作为一个将社会主义作为自己立国基本方针的国家,在义务教育领域一定要抑制市场的过度作用,一定不能忘记"所有儿童平等"的初心,一定要在义务教育领域追求公平正义。

在义务教育阶段,需要强调"人的全面发展",需要强调培养具有必要道德、能力和知识水准的公民。在后义务教育阶段,则需要强调"人的充分发展",可以容忍甚至鼓励一些人的"片面发展",包容"怪才""偏才"的出现。

在义务教育阶段，我们应该注意保护弱者。只有让更多的弱者得到更好的教育，让更多的弱者看到生活的希望而不是对生活感到绝望，我们才可能构建一个和谐的社会。在后义务教育阶段中，我们应该注意鼓励强者。只有培养出一大批杰出人才，我们的民族在今天这个世界民族之林才能拥有一席之地。

在义务教育阶段，我们可以更强调平等，可以更多地讲一点儿理想主义，追求"教吾幼以及人之幼"的理想；在后义务教育阶段，我们可以更强调效率和个性，可以更多地讲一点儿现实主义，正视和面对"人的学术研究能力有高低之分"的现实。

在义务教育阶段，教育资源应讲"按需分配"，力争使所有的中国儿童都能得到必要的教育，都能平等地分享资源；在后义务教育阶段，教育资源需要"按才分配"，优先提供给那些最具有潜质的学生们。

15 《心灵捕手》：天才威尔要不要拒绝"黄金屋"和"颜如玉"？

美国电影《心灵捕手》于 1998 年上映，曾经主演《死亡诗社》的罗宾·威廉姆斯在片中扮演了重要角色。此片 1997 年在第 70 届奥斯卡金像奖评选中曾获得最佳影片、最佳导演、最佳男主角等 9 项提名，但因在那届评选中恰好遇到《泰坦尼克号》，所以最终仅获得最佳原创剧本奖和最佳男配角奖。此片也取得巨大的票房成功，打破了当时好莱坞米拉麦克斯公司的创收纪录。

电影中，20 岁的威尔是美国麻省理工学院的一名清洁工。每天，当与他同龄的大学生们放学离开后，他便开始打扫教室、楼道和卫生间。他出生在贫民区，在污水横流、治安混乱、肮脏杂乱的街区成长，从小遭受继父的家庭暴力，受到严重的心灵创伤。他过早目睹了穷人生活的拮据、人生的悲喜无常、出人头地的遥遥无期，在不安的环境里度过了不幸福的童年。每当独自一人寂寞无聊，他就以阅读来消磨时光。

威尔曾多次因打架斗殴被拘捕和处罚。在问题少年管教部的安排下，他每天晚上乘坐 40 分钟火车到麻省理工学院打扫卫生。学院的数学教授、国际数学界最高奖菲尔茨奖的获得者兰博在数

审辩式思维：
看电影、读小说学习终身成长的思维模式

学系的公告栏写下一道难题，希望他那些杰出的学生能给出答案，可是却无人能解。威尔在夜间打扫楼道时发现了这道数学题并轻易地解出了这道难题。

难题解出了，却找不到获奖对象。于是，兰博又在楼道里出了一道更难的题目，这道题数学系的教授们用了两年时间才解出。威尔又迅速给出了答案。

几经周折，兰博教授终于在法庭上找到了威尔，他正面临又一次因在酒吧滋事斗殴被送入监狱的处罚。兰博向法官求情并将他保释，保释条件是定期与兰博讨论数学问题和接受心理辅导。

在数学讨论中，威尔展现出惊人的天赋。对于心理辅导，威尔则表现出强烈抗拒。在聪明绝顶的威尔面前，兰博教授请来的资深心理学家们相继败下阵来，纷纷宣告威尔已无可救药。最后，兰博求助于自己的大学同学和好友西恩，希望西恩开导这个绝顶聪明而又桀骜不驯的天才。

以世俗的眼光看，西恩是一位事业不算成功的心理学家，默默无闻地在一所普通的社区学校工作。他与威尔一样承受着心理创伤的困扰，也与威尔一样是一位隐于市井的天才。他不仅有精深的专业造诣，更重要的是他有一颗博爱之心。两位"江湖高手"经过一番看似波澜不惊实则惊心动魄的"华山论剑"，终于惺惺相惜，成了忘年之交。在西恩的努力下，威尔开始逐步走出心理阴影。

心理创伤同样影响到威尔的感情生活。在酒吧中，当看到一位傲慢的哈佛高才生戏弄自己朋友时，威尔果敢相助，用自己的博学多才使这个自负的书呆子认识到，他在哈佛花上万美金学到的东西,在免费的公共图书馆中一样可以学到。他的才华吸引了坐在旁边的美女史凯丽——一位哈佛大学的富二代高材生,两人陷入热恋。但是,悬殊的身份、不同的文化背景、心理的创伤,种种因素的叠加,互相深爱的一对恋人却分手了。最终,在西恩的帮助下,威尔不仅开始了自己的新生活,也找回了自己的女神史凯丽。

电影的高潮出现在美国国家安全局邀请威尔加盟的一幕:

威尔:我为什么该为国安局做事?

国安局官员:你将研究尖端科技,接触别人看不到的科技,因为这些科技进展已经被列为机密。混沌数学、高级算法、破解密码……

威尔:破解密码?

国安局官员:那是其中一部分。

威尔:得了,那是你们的事,你们处理80%的情报量,你们处理的情报数量是中情局的七倍。

国安局官员:我们不喜欢自夸,但你确实说对了。问题不是你为什么要为国安局做事,而是,你为什么不做?

威尔像打机关枪一样地不喘气地说出了下面这段长长的自白,这段自白成为电影史上的经典。

威尔说:我为何不为国安局做事?这的确是一个难题,让我试解一下。如果加入国安局,你们可能会让我破解没人能够破解

审辩式思维：
看电影、读小说学习终身成长的思维模式

的密码。或许我试了，也破解了，我会很高兴，因为我的表现出色。但是，或许那个密码是位于北非或中东的叛军位置，或许那里曾经是叛军的藏身地。于是，你们轰炸村庄，陌生的、无辜的1500名村民会因此丧命。

之后，政客们会派出海军陆战队防守该地区。你们才不在乎，因为在该区域被恐怖分子射杀的不是你们的子女，你们的子女早已经像参加旅游团一样地参加了后方的国民警卫队。那些中弹的海军陆战队士兵是来自波士顿南区（穷人区）的穷孩子们。这些中弹的孩子回国后发现，他们以前工作的工厂被移转到他们去打仗的国家了。那些将子弹射入我的穷朋友体内的人，抢了他的饭碗，因为那里的工人一天的工资仅仅15美分，而且工作紧张得没有上厕所的时间。

最后，我的朋友发现自己走上战场，实际上是为了在该国扶持一个傀儡政府，这个傀儡政府可以廉价地将原油卖给我们。同时，石油公司可以利用战争恐慌抬高国内油价，小赚一笔。他们兴高采烈地把石油运回国。他们享受着自由，他们或许自由地雇佣一个爱喝马丁尼酒的船长。结果，他撞上了冰山，原油外泄，杀光了北大西洋的海洋生物。事实上，油价的高低已经和我的朋友无关，他已经因油价昂贵开不起车了。他走路去参加求职面谈，他走路很困难，因为他受到体内弹片的折磨。他很饿，因为他能吃到的，只有带有石油佐料的北大西洋海产。

那么，我会怎么想？我想，我有更好的点子。我可以射杀自己的朋友，把他的工作给他的仇敌，提高油价、轰炸村庄、打死小海豹、吸食大麻，加入后方的国民警卫队。或许，我还可能因此被选为总统。

《心灵捕手》是年轻人的作品，编剧和主演马特·达蒙和本·阿弗莱克都是喜欢表演艺术的大学生，都从大学退学。扮演威尔的马特曾就读于哈佛大学英语文学系，为演戏而中途退学。苦于找不到好本子可演，他们决定自己动手为自己写剧本。电影上映时马特和本分别为 28 岁和 26 岁。马特完成初步故事框架的时候只有 22 岁，二人合作修改剧本的时候，大约只有 25 岁和 23 岁。

看完电影，留给我们的是一连串有待审辩论证的问题：世上真有威尔这样的天才吗？在社会底层的穷人中真会出现威尔这样的高手吗？既然花费高昂学费从名校学到的东西同样可以从免费的公共图书馆中学到，我们究竟为什么要花钱上大学？解那些无聊的方程式比把楼道和教室打扫干净更有价值吗？家庭背景和教育经历迥异的威尔和史凯丽最终会幸福吗？西恩是否也应该走出自己的感情阴影去寻找新的爱情？威尔是否应该按照兰博的期望改变自己的生活方式？威尔是否应接受国安局的邀请参与反恐大业？威尔拒绝兰博的一片好心是否过于无情无义？……

电影凝聚了编剧、导演、制片人、演员等许多人的集体智慧，包括哈佛大学和麻省理工学院的一些真正的诺贝尔奖获得者。电影中精彩纷呈，妙语连珠。例如，西恩曾对威尔讲："你并不理解'失去'的真正意义……因为，只有在你爱某人胜于爱自己的时候，你才可能理解这种感受。我怀疑你从未表现过付出这种爱的勇气。"

16 《无依之地》：这部电影的"中心思想"是什么？

在 2021 年 4 月举行的第 93 届奥斯卡金像奖评奖中，赵婷导演的电影《无依之地》斩获了最佳影片、最佳导演、最佳女主角三项大奖，还获得了改编剧本、摄影、剪辑三项提名。此前，在 2021 年 2 月举行的第 78 届美国金球奖评奖中，此片获得了最佳电影和最佳导演两项大奖，还获得了最佳编剧和最佳女演员的提名。

电影讲述了一位老年妇女弗恩把家搬到房车上到处流浪的故事。美国内华达州昂皮尔小镇的重要经济支柱石膏厂已经经营了 88 年。2011 年，由于受到金融危机的冲击，工厂倒闭，人去镇空。丈夫去世后，几乎在昂皮尔小镇度过了一生的弗恩，只好在厢式货车改装的房车上生活。一路上，她和许多同样生活在房车上的人相遇相识，彼此帮助，建立起友谊。

电影勾起我许多青年时代的回忆。电影的主人公们是一群住在"车上的房子"里的人。在我 16 岁到 27 岁的 11 年中，我也曾生活在"车上的房子"中。我曾住过的房子是蒙古包，是装在牛车上的，不用一个小时，就可以从车上卸下把"房子"盖好；不用一个小时，就可以把房子拆卸装上牛车。

牧民是逐水草而居的，搬家越勤，牲畜越容易吃到最新鲜的牧草。那时，搬家的频率与人的勤快程度成正比，也与牲畜的膘情成正比。牧民平均每个月搬一次家。同一季节的搬家，是短距离搬家，仅仅搬上二三千米；换季搬家，则要搬几十千米，如从夏季营盘搬到冬季营盘。

很长时间以来，语文课上的一项重要活动是在讲解课文之后归纳概括课文的中心思想。看完电影《无依之地》之后，我也在思考：这部电影的中心思想是什么？

关于《无依之地》的中心思想，一种说法是：电影揭示了资本主义社会中无权无势者的艰辛，既批判了在全球化过程中日益加剧的两极分化，也批判了全球化给社会底层的小人物造成的伤害。这种说法的理由包括：根据非政府发展和救助组织"国际乐施会"2019年1月21日公布的研究报告显示，2018年全球最富有的26人拥有的财富等于世界最贫穷一半人口（38亿人）的资产总额。全球亿万富翁的财富每天增加25亿美元，而世界上最贫穷的那一半人口正看着自己的净资产缩水。报告说，在一些国家，最贫穷的10%的人口缴纳的税收与其收入的比例比最富有的10%的人更高。摩根士丹利投资管理公司首席全球策略师鲁奇尔·夏尔马将这种现象称为"富人的社会主义，其他人的资本主义"。夏尔马说，拥有80%以上美国股票的美国最富有的10%的人看到了他们的财富在30年里增长了3倍多，而靠实体经济中日常工薪谋生的底层的50%的人，却没有看到任何增长。

另一种说法是：电影展现了在一个现代文明社会中，在一个自由的社会中，人们自由选择生活方式的可能性。这种说法的理由包括美驻华使馆在介绍这部电影时所披露的数据。根据美国房车产业协会的调查统计数据，美国有约 900 万个家庭拥有房车。这些家庭的平均年收入为 62000 美元，与美国人口普查局最新的美国家庭年收入中位数 61937 美元相当。在美国社会保障体系中，"房车生活"是一部分向往诗和远方者的自由选择，他们的选择并非由于无力支付购房款和房贷。电影中，主人公弗恩拥有与自己定居的妹妹共同生活的机会，拥有与流浪生活中结识的朋友戴夫定居下来的机会，但是她放弃了，她继续走上了"房车流浪"的道路。

有人并不同意这种说法，他们认为，电影批判了资本主义社会中劳动者形式上的自由和实质上的不自由。在资本主义社会中，人沦为机器的延伸，沦为房奴，沦为物质消费的奴隶，沦为子女教育的奴隶。卓别林在 1936 年所拍摄的电影《摩登时代》中揭示了普通劳动者的境遇：形式自由背后的实质不自由。大半个世纪后的今天，劳动阶层的这种境遇并未得到根本改变。

有人说：电影揭示了美国从辉煌走向衰落的深层原因。

有人说：电影揭示了资本主义社会中女性的不幸，她们不过是男性社会的附庸。一旦她们失去了可以依靠的男人，她们曾经的小康生活顿时就随风而逝。

有人说：电影是一曲人性美的赞歌，是对那些不向命运屈服的人所表现的人生态度的一曲颂歌。

有人说：电影揭示了人生的荒谬、痛苦和无意义，揭示了人在命运面前的无奈处境，展现了"身世浮沉雨打萍"……

《无依之地》的中心思想究竟是什么呢？众说纷纭，哪种说法更有道理呢？我认为，每一种说法都需要论证。那些具有审辩式思维的人理解论证首先要以事实为依据，论证不能基于虚假或虚构的事实之上。应该反对道听途说、信口开河、哗众取宠，应该倡导扎实的文献调研和严肃的实证研究。例如，关于乐施会调查结果的信息来源是什么？信息来源的可靠性如何？如果信息来源基本可靠，进而要追问：乐施会的调查方法是否科学？数据是怎样收集的？调查结果是否可靠？等等。同样，对于美国房车协会调查结果的信息来源、调查方法、可靠程度等，也需要追问。对于这些事实，必须穷追不舍，务求真相。

具有审辩式思维者理解仅仅有事实不足以成为支持一个命题的理据。只有当事实基于一系列必要条件的支撑之上时，才能作为理据为命题提供支持。即使"900万拥有房车家庭的平均收入在62000美元"这一事实得到确认没有分歧，这个事实能否支持"为了诗与远方"的看法，仍然需要论证。倘若在900万拥有房车的家庭中，10%家庭拥有了全部900万家庭总资产的90%，那么，"平均数"并不能为"诗与远方"的看法提供支持。就是说，论证不仅需要符合事实，还需要符合逻辑，更需要具有合理性。

在移动互联网的时代，教育的主要任务并不是传授一些特定的知识，而是发展学生的交流沟通能力（包括阅读理解能力、口头和书面表达能力等）、分析性推理能力和审辩式思维等核心职业胜任力。对于这些核心职业胜任力的发展，概括归纳一份资料（一个文字段落、一篇文章、一本书、一组数据、一张图表等）的中心思想是非常重要的。实际上，在今天国家公务员录用考试的《行政职业能力测验》和人力资源和社会保障部主持开发的《职业汉语能力测试》（ZHC）中，都包含主旨概括题型，这些题目所考查的就是概括归纳中心思想的能力。

在语文课上，与学生们一起归纳概括中心思想并没有错。这种活动可以发展学生的核心能力。在这种活动中，我们需要理解不同的人完全可能归纳概括出不同的中心思想。作者可以有作者写作的中心思想，读者也可以有读者读到的中心思想。不同的人在不同的情境下，基于不同的知识背景、不同的人生阅历、不同的情感体验，可以概括归纳出不同的中心思想。对于同一篇作品，同一个人在不同的年龄，也可能归纳概括出不同的中心思想。

弗恩要不要根据自己的经济能力购买和租赁一处房子？她要不要接受妹妹的邀请留下来？她要不要接受戴夫及其子女的邀请留下来？《无依之地》的中心思想是什么？……具有审辩式思维的人可以理解对于这些问题，由于价值取向和个人偏好的不同，会存在不同的答案。

在移动互联网时代，教育的主要任务并不是传授一些特定的知识，而是发展学生的核心职业胜任力。几乎所有对世界各国教育都有所了解的人的共同感受是：与发达国家相比，审辩式思维是我国学生的"短板"。在我国的学校中，尤其需要重视培养学生的审辩式思维。

17 《红琼》：我不是叛徒

为了培养学生的审辩式思维，老师们不妨带学生看看2018年上映的英国电影《红琼》，这部电影实在是发展学生审辩式思维的一个好素材。这是一个根据真人真事拍摄的电影，当然，其中包含电影拍摄者们的艺术加工。

电影的主人公琼曾经是剑桥大学物理系的学霸，毕业后参加了英国的原子弹研究项目"合金管道工程"（类似于美国的"曼哈顿工程"）。1945年原子弹在日本广岛和长崎的爆炸，给琼的心理造成极大的冲击。她意识到，为了避免核能再次对平民造成大规模杀伤，需要实现核力量的平衡，实现冲突双方的互相制衡。于是，她主动地、不求回报地向苏联克格勃提供了自己所掌握的涉核技术资料，提供了原子弹研制方面非常重要的秘密资料。后来，有人说她是克格勃"最有价值的间谍"。这期间，克格勃曾经给予她金钱重奖，被她拒绝。在整个情报提供过程中，她没有收取过克格勃一分钱，一直过着简朴的生活。

有一种说法："对英国的原子弹研究进展，斯大林比当时的英国首相艾德礼更了解，更清楚。"这很大程度上缘于琼的工作。受惠于琼所提供的技术资料，苏联于1949年8月29日获得首次核试验成功，成为世界上第二个拥有核武器的国家。而英国直到1952年10月3日才获得首次核试验成功，成为世界上第三个拥有核武器的国家。

琼向克格勃提供情报的事情长期成功被掩盖，直到1999年她87岁的时候，她的身份才因为克格勃高层人员的叛逃而泄露。

电影中，耄耋之年的琼手持一张事前写好的讲话稿对围在自家门前的记者们说：

"我被指控在20世纪40年代向俄国人泄露信息，提供他们加速制造原子弹的信息，我被指控在工作中欺骗同事和家人。对此，我并不否认。

"我还被指控叛国，我不承认这一点。我不是间谍。我并没有与我的祖国为敌，我只想让苏联能够与西方形成互相制约的关系，只是希望通过自己提供的材料帮助苏联成为能与英国、美国和德国抗衡的国家。我不是为了金钱。

"我不是叛徒，我希望每个人都能和我拥有同样的信念，因为只有那样，才可以避免另一次世界大战。"

记者问她："你为苏联提供了40年的情报，让英国遭受了重大损失，晚年有没有感到后悔？"

她回答说："绝对没有！在同样的情况下，我还会这样做。你只要回头看看历史，你就会发现，我是对的。正因为我做了正确的事，后来50年，世界上没有发生核战。"

这个电影中，存在着可以展开审辩式论证的好话题。

1. 琼是叛国者吗?

有人认为琼是叛国者。她是一个英国公民,她的行动违反了英国的法律,也给英国的国家利益造成了实际的损害,使英国在核试验方面,落在了苏联的后面。作为一名合金管道工程的雇员,她违背了自己入职时签署的《保密协议》,这既是一种有悖于职业道德的行为,也是一种失信行为。在朝鲜的南北冲突中,双方数以百万计的军民死于战火。对此,琼负有一定责任。她自己说是为了和平,实际上却制造了战争。

有人认为琼不是叛国者。在琼的价值天平上,比国家利益、职业道德和守信更重要的是平民的生命,既是维护世界和平,更是人类在这个星球上的延续。实际上,第二次世界大战期间,德国、日本和意大利的许多人道主义者站到了反对自己国家利益(实际上只是短暂的眼前利益)的立场。面对艰难的选择,琼力行担责,勇敢地作出了自己的选择,竭尽一己之力避免了核战争,挽救了人类。正是由于琼的努力,正是因为核知识技术的共享,使人类七十多年没有发生核战争。

真实的生活中,英国情报机关在完成了对琼的原型梅利塔·诺伍德的调查之后,没有起诉她。2005年,93岁的梅利塔在伦敦郊区的家中去世。

2. 什么是琼的本质?

有人说,琼的本质是一个人道主义者;有人说,琼的本质是一个国际主义者;有人说,琼的本质是一个坚定的共产主义者;

有人说，琼的本质是一个失信者；有人说，琼的本质是一个职业道德的背离者；有人说，琼的本质是一个叛国者……

那究竟什么是琼的本质？

3.具有审辩式思维者知道适时闭嘴

关于琼是否叛国，存在"是"或"否"两种回答。持有不同看法的人，可能通过讨论而被对方说服吗？可能性很小，能够被说服而改变自己看法的人很少。如果双方都能够以图尔敏论证模型来论证自己的观点，不难发现各自的立论基于不同的先验假设之上。这些先验假设，往往是无法验证的。

例如，主张琼不是叛国者的假设是：如果没有抗衡力量，美国人还会向对待日本人一样将核武器用于其他没有核武器的国家。相反，主张琼是叛国者的假设是：美国人不再会将核武器用于没有核武器的国家。这两个假设都是无法验证的。又如，主张琼不是叛国者的假设是：琼的动机是维护和平，拯救平民生命；主张琼是叛国者的假设是：琼的动机是在全世界实现共存主义。这两个假设也都是无法验证的。

具有审辩式思维者理解截然相反的不同看法是基于不同的先验假设，他知道支撑自己看法的假设，也理解支撑不同看法的假设。

《红琼》用非常生动形象的艺术形式对审辩式思维进行了阐释。每个人的人生中，都可能面临琼所曾面临的艰难选择，也可能处于琼所曾面对的两难困境：一方面是国家利益、职业道德、承诺守信；另一方面是人的生命，世界和平，人类存亡。面对艰难的选择，每个人都需要听从自己内心的召唤，作出自己的选择，并承担自己的责任。

琼是叛国者吗？具有审辩式思维的人很容易理解，在符合事实和符合形式逻辑的基础之上，在不同的价值取向和个人偏好下，人们可能对这个问题给出不同的答案。

18 《不要向上看》:历史没有终结

看了 2021 年公映的好莱坞网飞公司年终大片《不要向上看》。由衷地想对这些艺术家们说一声"谢谢!"这才是一部真正的艺术品,这才是电影应有的样子。在貌似荒诞的剧情中,作品向观众提出了非常严肃甚至沉重的问题。影片带给观众的有娱乐、有享受、有轻松,同时更有高雅艺术、有思考、有责任。

电影的剧情涉及"历史的终结",却非常清晰地提醒观众们:历史没有终结。

2014 年,我发表了《权力和资本都需要被关进笼子》;4 年后,2018 年,我完成了《靠什么力量将权力和资本关进笼子》一文;2021 年,我完成了《信仰是选择》一文。我的文章大多是倚马成文,一挥而就。这三篇文章则不同,从动笔到完成,花费了将近 10 年的时间。

这部电影,实在是我这三篇文章的一个非常棒的注释。这些伟大的艺术家们与我关心的话题是一样的:怎样制约贪婪和傲慢的权力与资本?怎样防止和避免权力和资本给人类带来灾难?

我家的两个晚辈也看了这部电影,这是他们二人关于这个电影的对话：

晚辈甲：

看了《不要向上看》，一部非常有意思的影片。

这部大牌云集的好莱坞影片，把当今美国的一切荒谬几乎全都展示了一遍，嘲笑了一遍。其中包括：希拉里式虚伪做作的总统，民主党式政治正确的伪善，资本主义的自私冷酷，财阀大亨对政府和新闻的绝对掌控，媒体娱乐至死对人民的麻醉……最终影片嘲笑的是部分美国民众。他们愚蠢、自私、卑劣，永远的自以为是、忘恩负义，永远只会索取和发泄，永远不会节制和感恩……

一直以来，好莱坞都是民主党和政治正确的忠实拥趸。现在连他们都出来反思和批判，可见美国病情之深。

无论如何，有反思和批判就有纠正的希望。大国之争，终究比的是自我纠错的能力。

晚辈乙：

我也看了这个片子，梅尔斯特里普演的女总统主要影射的是 T××，粗俗低级，跟各种男人乱搞，缺心眼的儿子是总统助理，不与其他国家合作，等等。这些都是 T×× 的事迹，但她的角色也包含了其他总统的原型，比如 A×× 爱偷着抽烟，而且特别相信常青藤院校的专家意见；X×× 曾经提名了一个完全不靠谱的最高法院大法官候选人。那些不信科学喊着"Do not look up"口号的愚民，讽刺的是 T×× 那些分不清是非的支持者。那个BASH CEO——总统的最大金主,影射了硅谷科技公司诸如苹果、脸书、特斯拉等公司的老总们。科学家和唱"Just Look Up"的歌星代表的是民主党和所谓的社会精英,其实也有很猥琐的一面。总之,实在是一部很牛的黑色喜剧。

晚辈甲:

同意,每个人物都是综合了一批对象。片中出现女总统和K××的亲密照,还出现她和K××大女儿的合照。所以我说女总统是"希拉里式的"。

晚辈乙:

对,也包含了希拉里元素。我还觉着那个CEO也影射了B××,外形像,而且说话迷迷糊糊似梦似醒,还一度从背后闻女新闻发言人的头发。

文明,带来进步,带来更好的生活,带来对天性和本能的束缚。科技进步为自由的文明提供了可能。我们仍需思考,构建怎样的文明可在维系共存生活的同时使人获得最大的自由?世界需要构建一个什么样的文明?中国需要构建一个什么样的文明?人应该选择一种什么样的人生?电影《不要向上看》启发我们,对于这些重要的问题,人类尚没有找到比较确定的答案,人类仍在艰难地摸索着。中国人也需要探索自己的道路,中国人需要对人类文明的发展作出自己的贡献。

19 《亮剑》：是"好人"，还是"坏人"？

很多人习惯给历史事件和历史人物贴标签，比如诸葛亮是"好人"，曹操是"坏人"；太平天国运动是反帝反封建的农民革命；义和团是体现民族觉醒的反帝爱国运动……

长大以后，发现事情并不是那样简单。这就有了后来"本质如何"的说法：某人虽然做过一些好事，但本质上是一个坏人；某人虽然存在某些瑕疵，但本质上是一个好人。某件事虽然有瑕疵，但本质上是件好事；某件事虽然也包含积极因素，但本质上是坏事，等等。

感谢《亮剑》的创作者们，他们给全国观众上了一堂生动的审辩式思维课。

在抗日战争中楚云飞曾经与李云龙率领的部队发生摩擦和冲突。在解放战争中楚云飞曾多次与李云龙的部队拼死恶战，甚至险些要了李云龙的命。尽管这样，电视剧的编导们并没有将楚云飞脸谱化处理，并没有像许多习惯于"大批判思维"的编导那样给楚云飞贴上一个"坏人"的标签，并没有对楚云飞做出一个"本质如何"的简单结论，而是以审辩的眼光从多维度、多角度展现了一个生动的楚云飞。

审辩式思维：
看电影、读小说学习终身成长的思维模式

其实，早在20世纪80年代初，在礼平（刘辉煊）的中篇小说《晚霞消失的时候》中也曾展现了作者的审辩式思维。小说中也描写了一个曾在淮海战场上与解放军的李聚兴将军兵戎相见的国民党高级将领楚轩吾，也没有将楚轩吾脸谱化处理。由于这两个人物不是小说中的主角，小说在这方面对"大批判思维"的突破并未受到足够的重视。

重视孩子审辩式思维能力发展的家长和助学者会引导孩子们去思考：同样是爱国者，同样是敬业忠诚的职业军人，李云龙和楚云飞为什么要在战场上拼得你死我活？这样的悲剧不能避免吗？今后还会出现这样的悲剧吗？怎样才能避免这样的悲剧再次发生？等等。他们不会仅仅告诉学生一个简单的答案。具有审辩式思维的观众，也会思考这些问题。

审辩式思维是一种非本质化的思维方式。具有审辩式思维的人不会说楚云飞的本质如何如何，他们避免对历史人物作出本质性的判定，他们诚实地记录历史现象，专注于揭示现象之间的联系。他们理解没有一元的本质，只有多元的特质。人并不存在"一般智力"，只存在"多元智力"。影响学生发展的不是"一般因素"，而是"多因素"的交互作用。他们关注和理解当代解释学、现象学和存在主义学说的思想成果，他们理解这些学说对本质的审辩和超越。他们往往表现出对单维性、主因素、一元性、直线性思维方式的超越，表现出多维度的、多因素的、多元的、非线性的思维方式。

习惯于"大批判思维"的一些人，热衷于给历史事件和历史人物贴上"本质如何"的标签，将对历史事件和历史人物评价方面的分歧视为真理与谬误的分歧,力图用自己的真理去批判别人的谬误。他们总是力图把一个多维空间中丰富的、鲜活的历史压缩到一条单维度的直线上去进行描述。

20 《归来》：勿用自己的"真理"去批判别人的"谬误"

电影《归来》公映，张艺谋再次展现了自己无可争议的艺术家的才华，陈道明、巩俐也再次展现了他们精湛的演技和表演艺术家的风采。

《归来》的公映，引起截然不同的反响。有人说，体现西方资产阶级电影价值观的《归来》包藏祸心，电影编导以巧妙的方式向西方献媚讨好，以惯用的揭丑卖乖的方式向西方邀功讨赏。

有人说，《归来》表现出对个体、对生命、对爱、对心灵的怜惜和尊重，表现出追求真爱的坚韧和执着。电影饱含人文关怀和历史反思，巧妙地避开了审查，不动声色地描写了令人痛彻心扉的时代苦难，具有划时代的突破意义。电影触碰了敏感题材，勇气可嘉。编导们用心良苦，编排精巧，准确无误地传达了批判解构的价值立场，发出了无声的呐喊。电影以最为精简的线索以小见大、揭示了特殊年代对知识分子的摧残，蕴含着巨大思想力量，获得了广泛的社会共鸣。电影力图用人性的光辉弥合历史伤痕。《归来》的票房成为中华民族希望的试金石，不俗的票房收入增强了当今社会对人心、人性的信心。

对于一部涉及历史题材的文艺作品，观众由于具有不同的偏好、不同的经历、不同的成长背景,见仁见智,是再正常不过的事情。

但是,一些习惯于"大批判思维"的人,将对电影《归来》的褒贬视为真理与谬误的分歧,力图用自己的"真理"去批判别人的"谬误"。这属于一种简单思维。

那些具有审辩式思维的人能够理解,在对电影《归来》以及相关历史事件进行评价的时候,首先,必须以事实为依据,评价不能基于虚假或虚构的事实之上,必须澄清那些虚假的传言。其次,评价必须符合形式逻辑,不能与形式逻辑相冲突,必须是合理的。最后,在符合事实和符合形式逻辑的基础之上,基于不同的价值取向和个人偏好,存在多种可能的评价。

具有审辩式思维的人能够接受多种价值并存的可能性,他们在坚持自己的"真理"的同时,也能包容别人的"真理"。

21 《香火》：佛像的倒塌

由于网友敬先生的推荐，我看了宁浩的电影处女作《香火》，这是他执导的第一部电影，2003年上演。宁浩确实是一位有思想、有才气的导演，这部投资仅4万元人民币、没有一个知名演员、由几位廉价半业余演员出演的电影，确实属于上乘之作，值得观看。

电影讲述了一位和尚重塑佛像的故事。他是一个破旧村庙中唯一的一位和尚。破庙中唯一的佛像由于年久失修而倒塌。为了重塑佛像，和尚首先向县统战部的宗教科求助，"皮球"被踢到了文物科。向政府求助失败后，他尝试化缘，化缘得到的钱被公安罚没。他继而尝试走在法律和道德的边缘，凭借自己的出家人身份找钱，找到的钱又被街头恶霸抢走了。经过纠结，他终于放弃了自己关于"天在看"的信仰，突破了信仰的底线，骗得修庙的钱，重塑了佛像。

电影值得审辩的话题很多。首先，这部电影所描画的社会状况真实吗？

一些人会批评电影不真实。电影的时间背景是2000年前后。要知道，2001年7月13日，中国申奥成功；2001年12月

11日，中国完成了多年艰苦的谈判，正式加入了世界贸易组织……那个年代，在中央电视台的屏幕上，是一个蒸蒸日上、烈火烹油的年代。而电影所呈现的则是一个让人非常失望的社会图景。

电影故事发生在山西，电影使用的语言是山西方言。我曾经长期在内蒙古生活，离开内蒙古以后也经常往来于北京与内蒙古之间。内蒙古许多人祖上来自山西，内蒙古人说汉语基本上说的是山西方言。因此，电影中的生活场景和电影的语言，对我来说是非常亲切的。我知道，电影非常真实地反映了2000年前后的农村生活。

2003年夏天我回到内蒙古草原时，我的哥哥尼玛一家仍然属于生产队（嘎查）中最富裕的几家，有上千只羊，有全队最大的马群（七十余匹）。但是，我进到家中坐下后，尼玛对我说的第一句话是："你知道吗，乌日根达来（我的蒙语名字），队里一半的人家已经成为穷人了。"要知道，我曾经作为北京知青插队落户的内蒙古东乌珠穆沁旗额仁高比公社额仁高比大队，那是一片得到上天格外眷顾的土地，是一片只要弯腰就可以捡起人民币的地方。我在那里生活时，由于衣食无忧，许多人腰都懒得弯一下。

当时，与我一起长大的几个少年玩伴在旗（县）政府当局长。通过他们，我了解到，旗政府处于半瘫痪状态，经常拖欠包括局长们在内的公务员工资。

内蒙古师范大学地理科学学院海山教授发表于《中国畜牧杂志》2007年第10期的《内蒙古牧区贫困化问题及扶贫开发对策

研究》一文中，对内蒙古牧区的贫困化有所描述："内蒙古牧区在不到 10 年的时间内，整体出现贫困化趋势。牧民的贫困化形势极为严峻。1983 年，实行'承包制'时，内蒙古牧区无贫困户。以正镶白旗牧区英图嘎查为例，按当时政府的'贫困线'，该嘎查贫困户增加情况如下：1983 年，无；1985 年，2 户；1990 年，8 户；1995 年，5 户；2000 年，20 户；2005 年（当年锡林郭勒盟牧区贫困线为人均 30 只羊单位），32 户，占该嘎查牧户总数（69 户）的 46%，其中，25 户为无畜户……2002 年，阿巴嘎旗牧民实际贫困人口至少已达 70% 以上。东乌珠穆沁旗是全国最大的草原畜牧业旗，也是牧民收入一直最高的一个草原畜牧业旗。东乌珠穆沁旗吉仁宝力格嘎查牧民人均收入几十年一直名列自治区近 3000 个牧区嘎查之首。据东乌珠穆沁旗政协的调查报告，到 2005 年年底，该嘎查贫困牧户已占到 61%。"

海山教授文中提到的东乌珠穆沁旗吉仁宝力格嘎查与我曾生活的额仁高比公社接壤相邻。曾长期担任吉仁宝力格嘎查党支部书记的坡土木勒是我最亲密的朋友之一。我在牧区插队时，曾经与坡土木勒有过许多次的夤夜长谈。我在 2012 年春节回乡时，也见到了已经从旗人大常委会副主任职位上退休的坡土木勒。我知道，海山教授描述的情况基本属实。

我理解，由于不同的生活经历，由于身处不同环境，许多人的感受会与我完全不同，甚至是截然相反。一些人，在那个年代中，或者凭借自己的聪明和勤奋，或者凭借自己对"底线"的突破，很快从"人中人"变为"人上人"。他们的感受，肯定会与我不同。

在这部电影中,有三个值得审辩的话题。

1. 那个年代的本质是什么？是奋进？还是堕入泥潭？

具有审辩式思维者会回答：那个年代,只有特质,没有本质。那个年代是一头有粗腿、有细尾、有阔背、有长鼻的"大象",有人摸到了"粗腿",有人摸到了"细尾",只要他讲述了自己真实的感受,只要他坦然地讲出了自己的良心判断,他就可以被包容,不必因他的感受与自己不同而指责他"说谎""抹黑"或"粉饰"。

2. 有必要重塑那个已经倒掉的佛像吗？

有人认为,完全没有必要重塑佛像。年纪轻轻、身强力壮的电影主人公,应该自食其力,不应寄生于基于虚假故事之上的"香火钱"。这很可能是拍电影时二十几岁宁浩本人的看法。电影中,宁浩反复用电影语言讲述着一个意念："自身难保,还能保佑他人？"不知道20年后的今天,宁浩的看法是否发生了变化。

有人认为,非常有必要重塑佛像。他们认为,导致贫困的原因之一就是"佛像的倒塌"。对此,学者赵晓先生曾经进行过非常具有说服力的论证。他撰写了《有教堂的市场经济与无教堂的市场经济》《有十字架的变革与无十字架的变革》等多篇文章论述自己的主张。他指出,市场可以使人不偷懒,却不能使人不撒谎,也不能使人不害人。只有将使人不偷懒的市场经济与使人不撒谎、不害人的信仰相结合,才能有效地同时应对"市场失灵"和"权力失灵"。

3. 和尚最终的"底线失守",是否可以得到谅解?

有人认为,不可谅解。塑像的意义在于"天在看"的信仰。如果放弃底线,如果抛弃信仰,塑像就失去了意义。最终重塑佛像的钱是从一位重病病人的家庭骗来的,这次欺骗会使这个不幸的家庭雪上加霜。

有人认为,可以谅解。和尚对病人进行了一次心理安慰治疗,无可厚非。今天,起步价 3000 元的心理咨询师比比皆是,没有必要苛责一位挣扎在社会底层的和尚。今天,一些诈骗网站和诈骗 App 都是计算机高手编写的,他们在接这些"脏活儿"的时候,大多曾经历过与电影中和尚一样的内心挣扎。他可能需要这笔钱去付房子的首付,才能迎娶自己的心上人;他可能需要将操劳一生的父母接到身边,回报他们的养育之恩;他可能需要为自己身患重病的兄弟姐妹筹集医疗费……

具有审辩式思维者理解多数人在生活中都会遇到类似的艰难选择与内心挣扎。每个人,有不同的个人偏好,可能做出不同的、合理的选择。他会力行担责,做出自己的选择并准备承担责任,他也会包容异见,理解他人的不同选择。

附记
敬氏谈宁浩电影《香火》及其时代

宁浩执导的第一部电影《香火》,讲在一个偏远小庙里佛像塌了,庙里的和尚四处筹款修缮佛像,找政府部门被拒,化缘筹款被没收,直到最后开始招摇撞骗,好不容易凑齐 3000 元修了佛像，却被告知小庙修在了待建公路的路基上，很快就将被拆除。整个故事的起因是小和尚在隆冬时节鞋子破了，于是把垫佛像的布抽了出来补鞋子，导致佛像倒塌，而故事的结尾是，小和尚好不容易修好了佛像，却被告知庙就要被拆了。

首先回应谢老师的追问：此电影真实否？按照本人生活阅历，电影真实。某村的村容村貌、乡风民俗真实体现了北方地区当代史的一面；某县干部的作风、某局的执法风格、某村委会的处事风格真实再现了某些基层办事人员的一面；电影里插播的影视音乐本人耳熟能详，社会底层的情况和本人阅历贴近；本人2005年读过关山署名、贾平凹题字的《一路奔走》，关山记录了各行业口述的当时社会一部分灰暗面，电影《香火》描述了类似现实和挣扎。

要不要重修佛像？电影《香火》中，宁浩反复用电影语言讲述着一个意念：自身难保，还能保佑他人？

本人有不同看法，本人在2004年就接受过自身难保的同学的重要帮助，本人也曾在虚弱无力的时候选择助人，并认为在自身难保的时候帮助他人，可以体验到精神的丰盈感和内心的敞亮。

怎样看待"底线失守"？电影《香火》中，和尚经过三轮跌跌撞撞，终于放弃底线，通过欺诈得到了3000元佛像修缮费。我们说，底线是一个人、一个行业、一个社会、一个国家必须坚守的最后防线，如果底线失守，将是一个重大事件，将面对信仰重建这个更艰巨的问题。电影里和尚在欺诈得逞后甚至当众吸烟，可以设想他又进一步陷入更深的心灵挣扎。为了修佛像，和尚求而不得、借而不得、讨而不得，他的第四次选择（欺诈）可以说是一种悲剧。东吴弄珠客在《金瓶梅》序中说"读《金瓶梅》而生怜悯心者，菩萨也；生畏惧心者，君子也；生欢喜心者，小人也；生效法心者，乃禽兽耳。"因此我经常引用佛家"众生皆苦，无人不冤"的立场，我也赞同谢老师的"悲剧研读"主张。

然后我也有三个追问：

第一个追问："香火"二字，想表达什么？

"香火"二字可以有多重含义：其一，引申为祭祀，此解释在本电影里成立；其二，引申为祭祀神祇、佛祖者，意思就是信徒，此解释和本电影相关；其三，引申为祭祀祖先往圣者，是继承人，此解释和寺庙及乡村可能相关；其四，引申为香火袋的简称，代表神祇本身，此解释和本电影相关；其五，引申为香火钱的简称，香火钱是信徒捐献给寺庙的金钱，此解释和本电影直接相关。特别是看中国的文艺作品，一个词往往表达了多元、多重、多维、多角度甚至多进程的意思。大家也常说字数越少，含意越多的词。

第二个追问：故事里和尚信仰什么？

电影《香火》里小和尚要修佛像的动机是什么？故事里和尚给人强调了好多次——村里人人杀羊，得有庙，庙里得有佛像，佛像没了，庙就没了，和尚也做不了了。那佛像年后再修行不行？不行，因为这样一来过年的香火钱就没有了。对于村民来说，是希望能减轻杀生的罪愆，和尚和村民实现一种共生共存的关系；对于和尚来说，佛像是寺庙的标志，是自己吃饭的饭碗，佛像没了，等于自己要失业了。很多行业里的人，都以自己的选择表达了对祖师爷的敬重。明朝洪应明在《菜根谭》中说:"谈山林之乐者,未必真得山林之趣。"所以无法判定和尚是为了敬业,还是为了生存,还是为了初心和信仰。但是可以确信,和尚对佛教讲的因果律伦理价值比较执着,导演对佛教讲的因果律也比较在意。在派出所黑房间里,和尚和失足女的心灵对白的细节描写堪称电影的点睛之笔。和尚的心理冲突复杂,三位失足女的心理冲突复杂。可以说和尚对因果律的信念不可证伪,可以说电影里的佛庙拆迁等情节和因果律有关联,甚至可以说电影里反复出现多次因果律事件。

第三个追问:怎样面对"后香火"时代?

人们对芸芸众生的道德期待值比较低,对宣称有宗教信仰的人的道德期待值比较高。于是电影《香火》里,有人会质问和尚买的牛肉方便面里面有没有牛肉,警察会质问和尚说谎,失足女会质问和尚爱看女人视频,屠夫会质问和尚爱念叨屠夫妹妹、爱抽烟。即便如此,这些琐碎都很容易被生活宽容。和尚的心路历程是在斗争和渐变的,从三次修缮费的"求不得",到不收失足女的3000元"功德"捐赠,再到坑蒙拐骗得到3000元。一个分水岭的事件是从帮人算命开始,和尚用佛眼招牌说吉祥话挣点碎银。和尚紧接着是从对"不说谎"的重大底线突破,走向了对"不作恶"的底线突破。很明显这种突破又是一个巨大的心路转变,的确会让病患家庭蒙受比较大的经济损失。在一个走向文明和法制的社会,和尚有了污点。

我曾经关注中国历史上的"三武一宗灭佛"(或称"三武一宗之厄")。宋代宗颐禅师为此作过检讨:"天生三武祸吾宗,释

审辩式思维：
看电影、读小说学习终身成长的思维模式

子回家塔寺空，应是昔年崇奉日，不能清检守真风。"佛陀曾经说过，我佛法非外道天魔能破，而僧人不守戒律，破坏僧团，不守清规，如"狮子身中虫，自食狮子肉"。现在毁佛容易，除了经济政治原因外，也和人们心中"敬"字的缺失有关。六祖慧能时代及以后，佛教的中国化也曾绽放了灿烂的魅力，除了和佛性、慧根有关，也凭借于传承者的钦敬之心。

敢问哪里有岁月静好？小佛庙的寺院经济安放不了和尚的肉身，但是外面的市场经济也可能安放不了和尚的灵魂。电影里描写了和尚在外面的各种不适，我相信和尚的生活不仅是生存。和尚在剧终的同时面临着生存危机和信仰危机。和尚的信仰需要重建，可能因为对"不是不报时候未到"、不可证伪的佛教因果律的笃信而悔过灭罪、积善积福，也可能形骸和灵魂继续漂泊，灰头土脸地行走在泥泞深处。

佛助自助者，祝福上下求索的人。

22 《阿凡达》:毁坏"铁屋子"

《阿凡达》是著名导演卡梅隆的作品。这是一部科幻神话电影,讲述了 2154 年在虚构的潘多拉星球上,原住民为了保护自己的家园,对抗前来攫取珍贵矿藏的人类入侵者的故事,最终,原住民战胜了贪婪的入侵者地球人类,保住了自己的家园,保住了自己星球的天然环境。此片在 2010 年第 82 届奥斯卡奖中获得 9 项提名,其中 3 项获奖。

电影《阿凡达》在北京上映之后,我与我的朋友 C 君之间曾围绕电影进行过一些讨论。2010 年 2 月 6 日,我曾在自己的个人博客贴出一段关于《阿凡达》的讨论。

C 君来信:

你就是个阿凡达。你比阿凡达还先知,你比阿凡达还阿凡达。

你早就羡慕纳威人,日夜企盼过纳威人的生活。你喜欢说纳威语,起纳威名,吃纳威饭。还梦想长纳威人那么大个(6 米),跑得像纳威人那么飞快,并且你早就深深爱上了纳威姑娘。

你曾亲身经历了工业恶魔摧毁纳威人的家园、掘倒了他们的

审辩式思维：
看电影、读小说学习终身成长的思维模式

圣树、毁灭他们精神的历史。

所以，当你在影片中，再一次看到强大的工业文明的军队，无情地血洗纳威人村庄时，我能想象你怒火中烧、热血沸腾、老泪纵横的面孔……

我也是这样。我眼里看到的是欧洲人屠杀印第安人，两千英法联军击败了有两百万军队的大清的场面。

但是，你们没有出路。找不到解决的办法。所以，你们是巴尔扎克。

卡梅隆其实和你一样绝望。尽管他给影片编了一个光明的尾巴。

工业恶魔在地球上消灭纳威人的丰功伟绩，是以完胜载入史册的。他们一次都没有失败过。呵呵，他们几乎失败了一次，在中国。

这就是人类。劣根的人类。即使人类要灭亡，人类也不会回头。对人类及其命运，我是彻底的悲观主义者。

如果明天，地球这艘方舟要沉没，那么，今天地球人在哥本哈根船舱里，仍然只会是相互对骂，而不会让步和合作。

既然是这样，我就只希望，人在符合他的本性、符合他的天性的条件下，过得稍微好一些。

何必呢？阿凡达，你自己当阿凡达好了。不要让大家都当阿凡达。

我回复说：

我理解你的绝望。其实，我也常常承受着这种绝望情绪对心灵的噬咬，可以感受到一种深深的痛。你提到欧洲人对美洲印第安人的屠杀，我想到自己曾看过的好莱坞电影《与狼共舞》。这部由凯文·科斯特纳导演和主演的西部片在1991年第63届奥斯卡奖中获得15项提名，其中10项获奖，包括最佳电影奖。由于我自己11年"草原牛仔"的生活经历，我被电影深深打动。

你的信使我想到中国现代文学史上一个很著名的公案——"铁屋子"。周树人说："假如一间铁屋子，是绝无窗户而万难破毁的，里面有许多熟睡的人们，不久都要闷死了，然而是从昏睡入死灭，并不感到就死的悲哀。现在你大嚷起来，惊起了较为清醒的几个人，使这不幸的少数者来受无可挽救的临终的苦楚，你倒以为对得起他们吗？"

这是周树人在婉拒钱玄同邀请他出山做文章时所说的一段话，表达了周树人对于当时社会现实的绝望心情。钱玄同并不这样想，他说："几个人既然起来，你不能说绝没有毁坏这铁屋的希望。"这个单纯而浅显的反驳，竟意外地打动了周树人。他后来回忆说："是的，我虽然自有我的确信，然而说到希望，却是不能抹杀的，因为希望是在于将来，绝不能以我之必无的证明，来折服了他之所谓可有，于是我终于答应他也做文章了，这便是最初的一篇《狂人日记》。"

就这样，周树人变成了"鲁迅"。他说："我绝不是一个振臂一呼、应者云集的英雄。"这"呐喊"，既是为了"自己的不能忘却的寂寞和悲哀"，也是为了"慰藉那在寂寞里奔驰的猛士，使他不惮于前驱"。

审辩式思维：
看电影、读小说学习终身成长的思维模式

今日读起这些文字，心中仍然感到心潮难抑。我也希望自己的声音，能够"慰藉那在寂寞里奔驰的猛士，使他不惮于前驱"。

你的话还使我想到，20世纪最让人嗟叹唏嘘的事情，莫过于乌托邦理想的兴起和衰微。20世纪初，乌托邦理想从西欧初兴而东渐，到20世纪中叶的战后，横扫欧亚大陆，远播非洲和拉丁美洲，席卷大半个世界。始于乌托邦理想的国际共存主义运动却走向了极权主义，使难以计数的无辜者受到摧残甚至虐杀。到20世纪末，乌托邦理想日渐黯淡。

在21世纪开始不久，就发生了震惊世界的"9·11"事件，作为资本主义象征的"双子星"倒塌了。事后，我曾经在网络论坛上说："虔诚信奉上帝的美国人需要认真思考，全能的上帝为什么没有去阻止这场灾难？上帝通过'9·11'事件向世人传达了怎样的信息？向世人做出了怎样的警示？"

很遗憾。美国人并没有认真思考这个问题，继续陶醉在资本主义对共存乌托邦理想"不战而胜"的胜利喜悦之中，继续以傲慢和冷漠的态度面对这个星球严重的贫困问题和环境问题。

21世纪的第一个10年，给人印象最深刻的两件事情，一是源自美国"次贷危机"的全球金融海啸，二是中国经济的迅速崛起。对于这两件事情的起因，对于这两件事情的未来影响，至今仍存在相去甚远的看法，至今仍存在很大的争议。

走过21世纪的第一个10年之后，我对未来的展望更加清晰。我估计，共存乌托邦理想会与环保主义携手，在21世纪卷土重来。

今天，发达的科学技术已经为不同的利益集团、不同的民族文化、不同的宗教信仰，准备了足够毁灭人类的武器，人类毁灭于自相残杀的危险正在一步步逼近。今天，人类在疯狂掠夺自然之后遭到自然报复的危险也正在一步步逼近。我期待着，向往共存乌托邦的理想主义者们能够与环保主义者们携手，在21世纪，为人类从九死一生中，争取到一线生机。

23 《流浪地球2》：支持"移山计划"还是支持"数字生命计划"？

兔年春节，我接连到电影院看了三场电影：《阿凡达2》《满江红》和《流浪地球2》。

《流浪地球2》给人印象深刻。从思想内涵到故事，再到表现形式，都堪称一流。从提高审辩式思维水平角度讲，《流浪地球2》确实是一部好电影，涉及了一系列值得审辩的好话题。

1. "移山计划"与"数字生命计划"

2022年，中山大学翟振明教授的著作《虚拟现实的终极形态及其意义》一书由商务印书馆出版。朱嘉明博士为该书写了题为"虚拟现实的回乡之路——虚拟现实的形而上学终极意义"的序言。朱博士在文中归纳了翟振明教授的主要观点，包括：

第一，不存在唯一的客观世界，所谓的客观世界仅仅是众多的可能世界的一种存在方式。与客观世界相比，主观世界更具普遍性和必然性。而主观世界最终决定于自然的实在与虚拟现实。

第二，对于人类而言，自然的实在与虚拟现实，或者说

"真实"与"虚幻"是等价的。因为基本粒子物理学在虚拟世界和自然世界都是成立的,且有同等的合法地位,所以"虚拟现实的基础部分和自然实在同样地实在或者同样地虚幻"。只是自然实在是强加给人类的,而虚拟现实是人类参与和创造的。

第三,虚拟现实技术和之前的传统技术存在本质差别,不再是人类的工具,或者独立的物体,而是"重新配置整个经验世界的框架",并通过数码模拟、视频眼镜、穿戴设备等引导人们沉浸其中的一种"迷人的方式",将人们置于一个"新创造的世界里"。

第四,自然实在和虚拟世界之间具有"一种反射对应关系"。如果认为虚拟世界是自然世界的衍生物,那么,就得接受这样的推论:则自然世界也被看成是更高层次世界的衍生物。自然实在和虚拟世界具有"同样的有效性和无效性"。这是因为人们通过眼睛作为传感器所认知的物理世界的真实性,与通过复杂信号传输设备所感受的虚拟世界的真实性,没有本质差别。

一些网友在阅读了朱嘉明的序言后,感到云遮雾绕,不知所云。当看过电影《流浪地球2》之后,开始理解翟振明、朱嘉明的想法。

一些网友在看完《流浪地球2》后,对电影中"生物存在"与"数字存在"两种不同选择有些懵懵懂懂,阅读了朱嘉明博士的序言后,对电影有了更深的理解。

《流浪地球2》的主线是"移山计划"与"数字生命计划"的较量。"移山计划"是一个带着地球流浪的计划,是一个在生物世界中直面死亡的计划;"数字生命计划"是一个放弃地球的计划,是一个借助太空飞船实现"数字化逃离"的计划,是一个在虚拟世界中求得永生的计划。

开始,电影编导是"移山计划"坚定的支持者。电影中以中国驻联合国代表周喆直等人为代表的"移山派",经过努力,终于实现了"移山计划",躲开灾难,将地球送上了流浪和新生之路。但是,在电影结尾时,电影编导们开始对拒绝"数字生命计划"的态度进行了反思,他们让图丫丫和图恒宇的"在天之灵"参与了人类拯救地球的努力,帮助地球走上了流浪之路。他们让丫丫与父亲在虚拟世界中再次拥抱,并通过周喆直的嘴说出:"我相信,我们的人,一定可以完成任务,无论虚实,不计存亡。"

2. 是否保存自己的"数字生命信息"?

电影中的一个情节是:马兆将复制好的图恒宇的数字生命信息交给他,让他输送进超级人工智能计算机550A。图恒宇问马兆:"你的呢?"马兆回答说:"我没有复制。死了就是死了,保留这些数字信息没有多大意义。"

是否保存自己的"数字生命信息"?对此,没有正确的、唯一的标准答案,每个人都可以作出自己看似合理的选择。为了给女儿丫丫一个完整的一生,图恒宇选择了保存。相信"没有人的文明毫无意义"的马兆,作出了与图恒宇不同但看似合理的选择。

3. 周喆直："我选择希望"

大年初三看完《阿凡达2》之后，我在"文明与本能"微信公众号"贴"出了"新冠疫情后，我们要建设一个什么样的世界？"一文。文中，我的一位朋友说："这就是人类，劣根的人类。即使人类要灭亡，人类也不会回头。对人类及其命运，我是彻底的悲观主义者。如果明天，地球这艘方舟要沉没，那么，今天地球人在船舱里仍然只会是相互对骂，而不会让步和合作。"

我理解我的朋友的选择，但这不是我的选择。我的选择是，通过努力，为人类在九死一生中拼出一条生路。

这也不是周喆直的选择。他说："我相信会看到蓝天白云，会看到鲜花挂满枝头，文明的命运取决于人类的选择，我选择希望。"

电影中，周喆直和郝秘书都曾经说："危难当前，唯有责任。"显然，这仅仅是他们二位看似合理的选择。另一些人看似合理的选择可能是："危难当前，唯有个人安全。""唯有责任"，既是周喆直和郝秘书的选择，也是刘培强、张鹏、马兆的选择。像"希望"一样，"责任"并不一定是众人的选择，而仅仅是一部分人看似合理的选择。

支持"移山计划"还是支持"数字生命计划"？是否保存自己的数字生命信息？是在生物世界中逝去，还是在数字世界中永生？选择希望，还是选择放弃？选择责任，还是选择个人安全？……对于这些问题，并没有唯一正确的标准答案，每个人都

审辩式思维：
看电影、读小说学习终身成长的思维模式

可以作出自己看似合理的选择。

审辩式思维的核心是不懈质疑、包容异见和力行担责。《流浪地球2》这部影片用非常生动形象的艺术形式对此进行了阐释。审辩式思维的要义是：对自己的真理要真诚，陈述自己的真理要旗帜鲜明，坚持自己的真理要勇敢；对别人的真理要包容，攻击别人的真理要谨慎。

第 4 章　读小说部分

01　《项链》：为了一夜狂欢，她付出了十年的艰辛

《项链》是莫泊桑最著名的短篇小说之一，曾被收入多种版本的语文教科书中。玛蒂尔德是一位漂亮的少妇，她的丈夫是一个普通的小职员。她虽然地位低下，却向往着上流社会的生活。为了出席一次盛大的晚会，她用丈夫积攒下的400法郎做了一件礼服，还从好友那里借来一串华贵的项链。在晚会上，玛蒂尔德以自己的美貌和华贵而光彩夺目，获得了极大的满足感。不料，项链在回家途中丢失。她只得借钱买了一条标价4万法郎的新项链还给朋友。为了偿还债务，她节衣缩食，整整劳苦了10年。在这艰难的还债过程中，玛蒂尔德的手变得粗糙了，容颜也衰老了。为了一夜狂欢，她付出了10年的艰辛。最后，她得知那只是一串价值不足500法郎的假钻石项链。

《项链》中有许多可以审辩的话题。

1.《项链》的中心思想是什么？

很长时间以来，语文课上的一项重要任务是归纳概括课文的中心思想。《项链》的中心思想是什么呢？

第一种说法是：小说尖锐地讽刺了小资产阶级的虚荣心和追求享乐的思想，揭示了资本主义社会中无权无势者的不幸命运，批判了把人分为上流、中产和下层的等级社会。

第二种说法是：小说展现了资本主义社会中女性的不幸。她们没有实质上的社会地位，没有自己的独立意志，没有自己的事业，没有自己的理想，她们实际上仅仅是男性社会的摆设和男性的玩偶，她们的全部理想不过是得到男性的赏识。独立意识的缺失使她们沦为男性社会的附庸。

第三种说法是：小说是一曲人性美的赞歌，是一曲对诚信价值准则的赞歌，是一曲对不向命运屈服的人生态度的颂歌。玛蒂尔德在借项链时并没有写下借据，她没有拒不承认自己借项链的事实，没有找理由逃债，她借钱进行了赔偿；玛蒂尔德的朋友并没有因这笔意外的横财而窃喜，而是坦率地告诉玛蒂尔德项链是假钻石的真相。这些都展现了诚信的品格。天生丽质的玛蒂尔德没有靠出卖色相去维系体面的中产阶级生活，而是通过辛苦的工作和节衣缩食来偿还债务，表现了向命运抗争的坚韧和勇气。

第四种说法是：小说是一曲爱情的赞歌。面对生活中突然出现的不幸，真心相爱的一对恋人互相体贴，互相关爱，共同携手走过了艰辛的路程。他们虽然失去了安逸和富足,但是他们收获了互相尊重、互相牵挂、互相体贴的爱情。

第五种说法是:小说揭示了人生的荒谬、痛苦和无意义,揭示了人在命运面前的无奈处境。在命运面前,人的梦想是虚幻的,人的自以为是的抗争的可笑的。小说以几近恶毒的手法嘲笑了人对世间浮华的执着,嘲笑了那些试图驾驭命运者的虚妄和荒谬。

在语文课上,让学生归纳课文的中心思想是有必要的,但教育的主要任务并不仅仅是给学生传授一些特定的知识,相反,发展学生的阅读理解、口头和书面表达、分析性推理能力和审辩式思维等核心职业胜任力也是非常必要的。

2. 玛蒂尔德的婚姻选择可取吗?

没有资产、没有嫁妆的玛蒂尔德应不应该勉强地嫁给一个自己并不满意的人?她是否可以像简·爱那样冒着孤独一生的风险去等候属于自己的那一位?有人说,应该。人,必须面对现实。爱与被爱的相遇是极小概率事件,是非常偶然地事情。绝大多数的情况下,二者都是不平衡的。能够嫁给一个真心爱自己的男人,能够嫁给一个在艰难困苦中不离不弃、相濡以沫的丈夫,是人生的一大幸事。有人说,不应该。女人不一定依附于一个男人才能生存,女人应首先是一个自立自强的"人",之后才是一个"女人"。这个问题,有标准答案吗?有正确答案吗?没有。

3. 玛蒂尔德的梦想是否虚幻？

拥有一个小康之家和雇用了女佣的玛蒂尔德，应不应该去幻想那些遥不可及的上流社会生活和高档享受？有人说应该。"有梦想谁都了不起，有勇气就会有奇迹"，梦想是成功的起点，敢于梦想是所有成功者的共同特征。有人说不应该。物质带来的满足感转瞬即逝。在普希金的《渔夫和金鱼的故事》中，不断向金鱼提出更高要求的渔妇，永远不会得到真正的幸福和快乐。这个问题，有标准答案吗？有正确答案吗？没有。

4. 玛蒂尔德是否应该接受邀请出席晚会？

当玛蒂尔德的丈夫接到部长邀请之后，她应不应该放弃这次机会？是否一定要勉强地出席晚会？应不应该用丈夫积攒的买猎枪的钱去为自己置办礼服？有人说不应放弃这次机会。人生的机会是转瞬即逝的，必须抓住每一次机会提升自己的生活质量，拓展自己的生活空间。为了抓住机会，一定的投资是必要的。有人说应该放弃。为了提高自己的生活质量，为了赢得自己的尊严和体面，需要在自身的充实和提高方面下工夫，需要在德行、修养、学识方面坚持长期积累。偶然得到的东西，也很容易因偶然而失去。一个人安身立命要靠自己的修养和能力，而不应寄希望于一次偶然的机会，更不应该为了自己一时的虚荣而迫使丈夫放弃渴望已久的猎枪。这个问题，有标准答案吗？有正确答案吗？没有。

5. 玛蒂尔德有必要去借他人的昂贵首饰吗？

在玛蒂尔德决定出席晚会之后，她应不应该接受丈夫的建议戴几朵漂亮的玫瑰花出席晚会？她是否可以不去向朋友借首饰？有人说应该去借首饰。爱美之心，人皆有之，女人更是如此。朋友之间的互相帮助是很正常的事情。借用一下首饰，不仅不会给朋友带来任何的损失，又可以使自己以美好的形象示人。有人说不应该去借。人的美丽，体现在人的内在气质，而不是服饰。朴素的服饰并不能遮蔽和削弱一个美丽高贵者的照人光彩，再华丽的包装也掩盖不住一个人的猥琐和低俗。

这个问题，有标准答案吗？有正确答案吗？没有。

6. 玛蒂尔德是否应将首饰丢失的真相如实告诉朋友？

当玛蒂尔德发现项链丢失以后，她应不应该将丢失项链的真相如实告诉朋友？有人说应该如实相告。这样，就可以避免不必要的 10 年艰辛。有人说不应该。那将是一件很没有面子的事情，既可能招致轻蔑和羞辱，也可能招致怜悯。一个有尊严、有骨气的人，宁愿付出 10 年的艰辛，也不愿接受别人的怜悯和施舍。

这个问题，有标准答案吗？有正确答案吗？没有。

02 《红楼梦》：是否需要归纳概括课文的中心思想？

《红楼梦》中有许多可以审辩的话题。

1. 中心思想是什么？

古典名著《红楼梦》的中心思想是什么呢？鲁迅曾说："《红楼梦》……单是命意，就因读者的眼光而有种种：经学家看见《易》，道学家看见淫，才子看见缠绵，革命家看见排满，流言家看见宫闱秘事……"（《集外集拾遗补编》）。就我个人来讲，我从《红楼梦》中读出的是浪漫主义与现实主义的冲突，是宝玉、黛玉的浪漫主义与贾政、宝钗的现实主义之间的冲突。

王蒙的一篇微型小说《羊拐》曾被收进语文教科书。故事是：王蒙在新疆，他的女儿在北京。那时的小朋友爱玩羊拐。王蒙一次听女儿说："别人有羊拐玩，但我没有。"回到新疆，王蒙疯狂地收集羊拐。羊拐在新疆有的是。第二年回北京探亲，王蒙带回了多半麻袋羊拐。当他把羊拐拿给女儿时，女儿说，我早就不玩这个了。

《羊拐》的中心思想是什么呢？有人说是"可怜天下父母心"，有人说是"两代人之间存在代沟"，有人说是"孩子的兴趣与时俱进",有人说是"动机与效果不统一"……人们找到小说的作者王蒙,问他写作的"中心思想"是什么,结果王蒙自己也说不清楚。

20世纪90年代,鉴于人们关于"何为审辩式思维"众说纷纭,美国哲学学会面向哲学和教育领域的专家,运用德尔菲方法对"何为审辩式思维"问题进行了研究。德尔菲方法又称专家规定程序调查法。该方法主要是由调查者拟定调查表,按照既定程序,以函件的方式分别向专家组成员进行征询,而专家组成员又以匿名的方式通过函件提交意见。经过多轮反复征询和反馈,专家组成员的意见逐步趋于集中,最后获得具有较高共识的集体判断结果。

此项研究的调查对象包括46名相关领域的权威专家。调查共包含6轮反馈修订。

这项研究的结果认为,审辩式思维包括认知和气质两个维度。研究结果认为,在认知方面,审辩式思维包含6项核心认知技能和16项认知子技能。

在此项研究的报告中对6项核心认知技能和16项认知子技能进行了详细的说明。从这份说明中可以看出,概括归纳中心思想是审辩式思维的重要元素。

在语文课上,与学生们一起归纳中心思想并没有错,但我们需要理解,不同的人可以概括出不同的中心思想。作者可以有作者写作的中心思想,读者也可以有读者阅读的中心思想。

2. 黛玉、宝钗，你喜欢谁？

笔者的研究方向是教育和心理测量，大半生从事考试研究工作，从事人员评价工作。从20世纪80年代后期开始，在为各种机构组织的招聘晋升考试中，在人力资源和社会保障部主持的《国家职业汉语能力测试》（ZHC）的口试中，笔者二十多年长期不变反复使用的一道口试试题是：黛玉、宝钗，你更喜欢谁？为什么？

一次，一位应考者回答说自己喜欢黛玉，并陈述了许多理由。我问：你有孩子吗？她说有。我问：男孩还是女孩？她说是男孩。我问：你希望自己将来有一个黛玉这样的儿媳妇吗？她考虑了一会儿，回答说：不希望。

一次，一位应考者说自己喜欢宝钗，并陈述了许多理由。我问：宝钗知道宝玉喜欢的是黛玉而不是自己，但她还是欣然嫁给了宝玉。如果是你，你会这样做吗？她考虑了一会儿，回答说：不会。

这道口试题目，我还会在今后的考试中继续使用下去。

人们有许多理由像宝玉和曹雪芹一样地喜欢黛玉。她天生丽质，气质优雅，让心直口快的凤姐第一次见到她时惊叹道："天下竟有这样标致的人物，我今日才算见了！"她聪慧睿智，博闻强识，才华横溢，具有浓郁的诗人气质。她多愁善感，楚楚动人，惹人怜爱，"娴静似娇花照水，行动如弱柳扶风"。宝玉反感宝钗、湘云对他谈"仕途经济"，对湘云和袭人讲："林姑娘从来说过这些混账话吗？要是他也说过这些混账话，我早和他生分了。"此话被隔墙的黛玉听到,"黛玉听了这话,不觉又喜又惊……所喜者:果然自己眼力不错,素日认他是个知己,果然是个知己"。如此超凡脱俗、心高气傲、洞明犀利的女孩,怎么能不让人喜欢呢?

人们有更多的理由喜欢宝钗。她"肌肤丰泽……脸若银盆,眼同水杏,唇不点而含丹,眉不画而横翠","任是无情也动人"。她端庄稳重,温柔敦厚,豁达大度,宠辱不惊,喜怒不形于色。她聪明机警,饱读诗书。当王夫人因自己的身边丫鬟金钏儿投井身亡而自责时,"宝钗笑道:'姨娘是慈善人,固然是这么想。据我看来,他并不是赌气投井,多半他下去住着,或是在井旁边儿玩,失了脚掉下去的。他在上头拘束惯了,这一出去自然要到各处去玩玩逛逛儿,岂有这样大气的理?纵然有这样大气,也不过是个糊涂人,也不为可惜。'王夫人点头叹道:'虽然如此,到底我心里不安!'宝钗笑道:'姨娘也不劳关心。十分过不去,不过多赏他几两银子发送他,也就尽了主仆之情了。'"如此善解人意、能说会道、伶牙俐齿的女孩,又怎么能不让许多人喜欢呢?

3. 袭人、晴雯,你喜欢谁?

《红楼梦》第三十一回"撕扇子作千金一笑 因麒麟伏白首双星"中的主角是宝玉的两个大丫头袭人和晴雯。文中晴雯不防把扇子失了手掉在地下,将扇骨子跌折。以下是该回中的一个精彩片段。

宝玉因叹道:"蠢才,蠢才!将来怎么样!明日你自己当家

审辩式思维：
看电影、读小说学习终身成长的思维模式

立业，难道也是这么顾前不顾后的？"

晴雯冷笑道："二爷近来气大的很，行动就给脸子瞧。前儿连袭人都打了，今儿又来寻我的不是。要踢要打凭爷去。——就是跌了扇子，也算不的什么大事。先时候儿什么玻璃缸，玛瑙碗，不知弄坏了多少，也没见个大气儿，这会子一把扇子就这么着。何苦来呢！嫌我们就打发了我们，再挑好的使。好离好散的倒不好？"

宝玉听了这些话，气的浑身乱战。因说道："你不用忙，将来横竖有散的日子！"

袭人在那边早已听见，忙赶过来，向宝玉道："好好儿的，又怎么了？可是我说的，一时我不到就有事故儿。"

晴雯听了冷笑道："姐姐既会说，就该早来呀，省了我们惹的生气。自古以来，就只是你一个人会服侍，我们原不会服侍。因为你服侍的好，为什么昨儿才挨窝心脚啊！我们不会服侍的，明日还不知犯什么罪呢？"

袭人听了这话，又是恼，又是愧；待要说几句，又见宝玉已经气的黄了脸，少不得自己忍了性子道："好妹妹，你出去逛逛儿，原是我们的不是。"晴雯听他说"我们"两字，自然是他和宝玉了，不觉又添了醋意，冷笑几声道："我倒不知道，你们是谁？别叫我替你们害臊了！你们鬼鬼祟祟干的那些事，也瞒不过我去。——不是我说：正经明公正道的，连个姑娘还没挣上去呢，也不过和我似的，那里就称起'我们'来了！"

袭人羞得脸紫涨起来，想想原是自己把话说错了。宝玉一面说道："你们气不忿，我明日偏抬举他。"袭人忙拉了宝玉的手道:"他一个糊涂人,你和他分证什么?况且你素日又是有担待的,比这大的过去了多少,今日是怎么了?"

晴雯冷笑道:"我原是糊涂人,那里配和我说话!我不过奴才罢了!"

袭人听说,道:"姑娘到底是和我拌嘴,是和二爷拌嘴呢?要是心里恼我,你只和我说,不犯着当着二爷吵;要是恼二爷,不该这么吵的万人知道。我才也不过为了事,进来劝开了,大家保重,姑娘倒寻上我的晦气。又不像是恼我,又不像是恼二爷,夹枪带棒,终究是个什么主意?——我就不说,让你说去。"说着便往外走。

宝玉向晴雯道:"你也不用生气,我也猜着你的心事了。我回太太去,你也大了,打发你出去,可好不好?"

晴雯听了这话,不觉越伤起心来,含泪说道:"我为什么出去?要嫌我,变着法儿打发我去,也不能够的。"

宝玉道:"我何曾经过这样吵闹?一定是你要出去了。不如回太太打发你去罢。"说着,站起来就要走。袭人忙回身拦住,笑道:"往那里去?"宝玉道:"回太太去!"袭人笑道:"好没意思!认真的去回,你也不怕臊了他!就是他认真要去,也等把这气下去了,等无事中说话儿回了太太也不迟。这会子急急的当一件正经事去回,岂不叫太太犯疑?"

宝玉道:"太太必不犯疑,我只明说是他闹着要去的。"

晴雯哭道:"我多早晚闹着要去了?饶生了气,还拿话压派我。只管去回!我一头碰死了,也不出这门儿。"

宝玉道:"这又奇了。你又不去,你又只管闹。我经不起这

审辩式思维：
看电影、读小说学习终身成长的思维模式

么吵，不如去了倒干净。"说着一定要去回。袭人见拦不住，只得跪下了。碧痕、秋纹、麝月等众丫鬟见吵闹的利害，都鸦雀无闻的在外头听消息，这会子听见袭人跪下央求，便一齐进来，都跪下了。

当天晚上，宝玉让晴雯给自己拿水果吃。

晴雯笑道："可是说的，我一个蠢才，连扇子还跌折了，那里还配打发吃果子呢！倘或再砸了盘子，更了不得了。"

宝玉笑道："你爱砸就砸。这些东西，原不过是借人所用，你爱这样，我爱那样，各有性情。比如那扇子，原是扇的，你要撕着玩儿也可以使得，只是别生气时拿他出气；就如杯盘，原是盛东西的，你喜欢听那一声响，就故意砸了也是使得的，只别在气头儿上拿他出气。这就是爱物了。"

晴雯听了，笑道："既这么说，你就拿了扇子来我撕。我最喜欢听撕的声儿。"

宝玉听了，便笑着递给他。晴雯果然接过来，"嗤"的一声，撕了两半。接着又听"嗤""嗤"几声。宝玉在旁笑着说："撕的好！再撕响些！"

正说着，只见麝月走过来，瞪了一眼，啐道："少作点孽儿罢！"

宝玉赶上来，一把将他手里的扇子也夺了，递给晴雯，晴雯接了，也撕作几半子，二人都大笑起来。

麝月道："这是怎么说？拿我的东西开心儿！"

宝玉笑道："你打开扇子匣子拣去，什么好东西！"

麝月道："既这么说，就把扇子搬出来，让他尽力撕不好吗？"

宝玉笑道："你就搬去。"

麝月道："我可不造这样孽。他没折了手，叫他自己搬去。"

晴雯笑着，便倚在床上，说道："我也乏了！明儿再撕罢。"

宝玉笑道："古人云：'千金难买一笑。'几把扇子，能值几何？"

看了第三十一回中对袭人和晴雯的描述，两个人，你更喜欢谁？

有人喜欢袭人。她好心好意拖着受伤的身体出来安抚宝玉和晴雯之间的口角，却受到晴雯无端的攻击。但是，她顾全大局，即使在自己受了委屈的情况下，仍然阻拦宝玉将晴雯赶走，甚至跪下为晴雯求情。袭人重感情，对宝玉一往情深。从小事到大事，她总能将心比心，换位思考，常常能够站在宝玉、黛玉、晴雯等人视角考虑问题，体谅他人的苦衷和不易，原谅他人。袭人确实是识大体，有涵养，胸怀开阔，与人为善。因此，从贾母、王夫人到姑娘们、丫鬟们，袭人几乎得到贾府上下每一个人的认可。

有人喜欢晴雯，她敢怒感言，敢爱敢恨，真实率性，活出了人的真性情。文中的扇子是一个隐喻，象征着尊卑上下、主仆有别的旧礼教，晴雯通过撕扇子，挑战了"吃人""杀人"的旧礼教。晴雯的生命虽然短暂，但她活出了她自己，活了一回，爱了一回。

有人不喜欢袭人。她为了一个虚幻的"好名声"，处处委曲求全,自我压抑,活得太窝囊。还有人因为其他原因不喜欢袭人,比如有人认为袭人为人虚伪,工于心计,城府高深。甚至有人猜测晴雯、芳官、四儿、柳五儿的不幸都与袭人有关。

有人不喜欢晴雯。她凭借自己有几分姿色,张扬跋扈,待人刻薄。第五十二回,对待小丫头坠儿,更有些残忍:

晴雯对坠儿说:"你往前些!我是老虎,吃了你?"

坠儿只得往前凑了几步。晴雯便冷不防欠身,一把将他的手抓住,向枕边拿起一丈青(簪子)来,向他手上乱戳,又骂道:"要这爪子做什么?拈不动针,拿不动线,只会偷嘴吃!眼皮子又浅,爪子又轻,打嘴现世的,不如戳烂了!"坠儿疼的乱喊。麝月忙拉开。

人们有许多理由喜欢或不喜欢袭人,也有许多理由喜欢或不喜欢晴雯。

那些习惯于"大批判思维"的人,或者扬黛抑钗,或者扬钗抑黛,这属于一种简单思维。

那些具有审辩式思维的人能够理解,基于不同的价值取向和个人偏好,对文学形象存在不同看法是很自然、很正常的事情。

有人问我:"究竟什么是审辩式思维?"

我的回答是:"不懈质疑,包容异见,力行担责。"其中,"这取决于"可被视为审辩式思维的四字真言。

《红楼梦》第十七回"大观园试才题对额 荣国府归省庆元宵"中贾政、宝玉父子关于大观园中匾额拟定的一段对话,堪称对审辩式思维"四字真言"的一个很好诠释。

园中有一座位于桥上的亭子。关于此亭的命名，有人主张从欧阳修《醉翁亭记》"有亭翼然"中取"翼然"二字。贾政认为"此亭压水而成"，题名"还须偏于水"，主张从欧阳修的"泻出于两峰之间"句中拈出一个"泻"字，即有幕僚附和题为"泻玉"。宝玉将"泻玉"斥为"粗陋不雅"，建议将此亭命名为"沁芳"。尽管宝玉并未曲意附和乃父的提议，却获得了贾政的认可。

不妨设想，当年在滁州诸峰环绕、林壑幽深的酿泉旁，欧阳修向门人询问如何为新亭命名。倘若有人建议命名为"沁芳"，欧阳修很可能会感到俗不可耐。恰如宝玉所说："当日欧阳公题酿泉用一'泻'字则妥，今日（大观园中）此泉也用'泻'字，似乎不妥。"同理，大观园中元妃的省亲别墅中可以用"沁芳"，此名用在滁州山水之间则未必妥当。"翼然""泻玉""沁芳"，孰高孰下，取决于特定的语境。脱离特定语境，很难评判。

须臾之前，宝玉刚刚谈到"编新不如述旧，刻古终胜雕今"。因此，对于宝玉提出的无典可依的"沁芳"，贾政反问道："方才众人编新，你说'不如述古'；如今我们述古，你（怎么）又说粗陋不妥？"通过宝玉貌似"自相矛盾"的"述古"和"编新"，通过贾政对宝玉的赞许，可以看出，贾氏父子二人都具有一些审辩式思维。述古也好，编新也好，都要取决于特定的情境。脱离特定情境，述古也好，编新也罢，都没有多大意义。清人赵藩曾为成都武侯祠题写一联："能攻心则反侧自消，从古知兵非好战；不审势即宽严皆误，后来治蜀要深思。"脱离开特定的情境，在平定叛乱中讲擒讲纵，在社会治理中讲宽讲严，都没有多大

审辩式思维：
看电影、读小说学习终身成长的思维模式

意义。

维特根斯坦是20世纪最重要的哲学家之一，他的一个重要思想是：脱离使用情境，语言没有意义。

例如，我们会说："中国足球队，谁都赢不了。"我们也会说；"中国乒乓球队，谁都赢不了。"脱离语境，"谁都赢不了"的表述，没有意义。

再如，我们会说："冬天，能穿多少穿多少。"我们也会说："夏天，能穿多少穿多少。"脱离语境，"能穿多少穿多少"的表述，也没有意义。

一次，我的一位朋友对我说："热力学定律告诉我们平等即死寂。"我回复说："面对住在厕所旁边6平方米房间中的陈景润，你可以大声地、理直气壮地说'平等即死寂'。但是在另一些场合，你这样讲，会让人很反感。"

贾氏父子关于"翼然""泻玉"和"沁芳"的对话，关于"述古"与"编新"的对话，帮助我们加深了对审辩式思维的理解。这场对话，使我们想到，所谓的"标准答案"，常常取决于特定的语境，常常不过是特定语境中一些人看似合理的选择，未必是普世、普适、普时的"标准"。

03 《九三年》：当你合上它时，你会觉得自己走过了漫长的一生

有网友来信问："为了提高审辩式思维能力，该读什么书呢？"

我想，为了提高审辩式思维水平，首先应该读的一本书是雨果在他 72 岁时出版的最后一部小说《九三年》。雨果为此书的写作准备了十几年。

小说的背景是法国大革命。小说的三个主人公是共和军司令员郭文、公安委员会特派监军西穆尔登和保皇派首领朗德纳克侯爵。郭文是朗德纳克的侄孙、被抚养人和唯一继承人。西穆尔登是郭文的家庭教师，情同父子。郭文是西穆尔登在这个世界上最亲的亲人。

兵败后，朗德纳克本已经逃脱，但为了从烈火中挽救三个农妇的小孩，他冒火救出小孩们，甘愿束手就擒。

郭文想到侯爵是在用自己的生命换取三个农妇孩子的生命，放走了侯爵。西穆尔登按法律处死了郭文。在郭文的头颅从断头台上滚落的同时，西穆尔登也开枪结束了自己的生命。

审辩式思维的核心理念之一是不懈质疑。在《九三年》中，有许多可以质疑之处。

审辩式思维：
看电影、读小说学习终身成长的思维模式

其一，该不该放走侯爵？郭文自己也在挣扎。他知道，在绝对正确的革命之上还有一个绝对正确的人道，在政治分歧之上应有更高的道德律令；他也知道，放走了侯爵，已经被扫灭的保皇党叛乱就会死灰复燃，卷土重来，最终不知有多少人的生命将会被剥夺，不知有多少个家庭将破碎。

其二，该不该处死违法放走了侯爵的郭文？不同意见的冲突充分体现在包括西穆尔登在内的三人审判委员会中。西穆尔登之外的另两个审判员中，一个审判员主张处死郭文。他认为法不容情，任何人都不可以挑战法律。另一个审判员主张宽恕，他认为如果必须有人去死，他愿意代替郭文去死。最后，西穆尔登在"合情"与"合法"之中选择了"合法"。

从更宽广的角度讲，还有可以质疑的地方。

法国是否一定要用暴力革命的方式实现社会的进步？为什么不能像英国、日本一样以渐进的方式实现从皇权专制向民主政治的转型？

1989年，33个国家的元首齐聚巴黎，纪念法国革命200周年。那场充满屠杀、暴力、血腥、残忍、偏激、阴谋的大革命，那场使无数个像郭文、西穆尔登一样的无辜者的人头纷纷落地的大革命，是否值得人们如此隆重地纪念？

可以质疑的问题还有很多很多，200多年后的今天，法国革命仍然是人们热议的话题，托克维尔的《旧制度与大革命》仍是热门的畅销书。

在处决郭文的前夜，西穆尔登几乎通宵与郭文促膝交谈。让我们听一听他们在自己人生的最后时刻谈了些什么吧！让我们感受一下那个伟大时代那些杰出绅士们的风采吧！

郭文："看得见的事业是粗暴的，看不见的事业是崇高的。革命必须利用过去的材料，因此才有这不平凡的九三年。在野蛮的脚手架下，正在建立一座文明殿堂。这是风暴，风暴知道自己在干什么。一株橡树被雷劈倒，但有多少森林得到净化！文明染上了黑热病，但在大风中得到治愈。也许风暴应该有所选择？但是它负责如此大规模的清扫工作，能够温文尔雅吗？疫气如此可怕，狂风怒号是完全可以理解的。"

西穆尔登："是的，从暂时现象中必将诞生最后的结果。最后的结果就是权力与义务共存、比例制累进税、义务兵役制、平均化、消灭偏差，在万人万物之上是一条笔直笔直的线——法律。尊崇绝对性的共和国。"

郭文："我更喜欢尊崇理想的共和国。呵，老师，您刚才提到那么多，里面有忠诚、牺牲、忘我、相互宽厚、仁慈和爱吗？在天平之上是竖琴。您的共和国对人进行衡量、测定、校准，而我的共和国将人带上蓝天，这就是定理与雄鹰的区别。"

西穆尔登："你会在云端迷路的。"

郭文："而您会在计算中迷路。"

西穆尔登："和谐中少不了空想。"

郭文："代数中也少不了空想。"

西穆尔登："我喜欢欧几里得创造的人。"

郭文："可我哩，更喜欢荷马创造的人。"

西穆尔登："那是诗。别相信诗人。"

审辩式思维：
看电影、读小说学习终身成长的思维模式

郭文："对，我知道这句话。别相信微风，别相信光线，别相信香味，别相信鲜花，别相信星星。"

西穆尔登："这些都不能当饭吃。"

郭文："不见得吧！思想也是食物。思考等于吃饭。当然，首先，需要消灭各种寄生生活：教士的寄生生活，法官的寄生生活，士兵的寄生生活。其次，好好利用我们的财富，让所有的风，所有的瀑布，所有的磁流都为我们服务吧。仅此是不够的，如果我们不能给大自然增添一些东西，那又何必摆脱大自然呢？那我们就像蚂蚁一样只管觅食，像蜜蜂一样只管酿蜜，像其他动物一样只管劳作好了，不必成为有思想的主宰。蜂窝所没有的，蚂蚁窝所没有的，我们都要有。我们要有纪念性建筑，有艺术，有诗歌，有英雄，有天才。永远背负重担，这不是人的法则。不，不，不，再没有贱民，再没有奴隶，再没有苦役犯，再没有受苦人！我希望人的每一个属性都是文明的象征、进步的模式。我主张思想上的自由、心灵上的平等、灵魂上的博爱。不！再不要枷梏了！人生来不是为了戴锁链，而是为了展翅飞翔。人不要再当爬行动物了。我希望幼虫变成昆虫，蚯蚓变成活的花朵，飞起来。"

旁白：大自然是无情的。面对万恶的人间，大自然依旧赐予鲜花、音乐、芬芳和阳光；它用神圣的美反衬出社会的丑恶，从而谴责人类。它既不撤回蝴蝶的翅膀，也不撤回小鸟的歌唱，因此，处于谋杀、复仇、野蛮中的人不得不承受神圣物体的目光；他无法摆脱和谐的万物对他强烈的责难，无法摆脱蓝天那无情的宁静。在奇妙的永恒中，人类法则的畸形被揭露无遗。人在破坏、摧残，在扼杀，人在杀戮，但夏天依旧是夏天，百合花依旧是百合花，星辰依旧是星辰。

蓝色的天空，白色的云，晶莹透明的水，还有从海蓝宝石到祖母绿的各种颜色和谐的植物，相互友爱的树，成片的草地，深深的平原，这一切纯净贞洁，是大自然对人类的永恒忠告。然而在这一切之中人类却暴露了可憎的无耻，在这一切之中是堡垒和断头台，是战争与酷刑，是血腥历史和血腥革命这两张面孔，是往昔黑夜的猫头鹰和未来黎明的蝙蝠。在这个鲜花盛开、香气扑鼻、深情而迷人的大自然中，美丽的天空向象征皇权的城堡和象征革命的断头台洒下晨光，仿佛对人说："瞧瞧我在干什么，你们又在干什么。"

什么是分析性推理与审辩式思维的区别？那就是"定理"和"雄鹰"的区别，那就是"欧几里得创造的人"与"荷马创造的人"的区别。

附记

"审辩式思维"微信公众号的一位网友在自己的朋友圈留言：合上书本，我的眼睛已湿润，心中是满满的感动与不舍。我感动于主人公的人道主义，感动于人物对话以及自我对话中的智慧与审辩，太多的感动和震撼……当你合上它时，你会觉得你走过了漫长的一生。经典还是经典，这本经典就是维克多·雨果著的《九三年》。

04 《悲惨世界》：他因偷取一块面包而成为犯人

阅读和基于阅读的审辩是发展学生审辩式思维的最好途径之一。在陪伴学生阅读的时候，作为助学者，一个重要的职责就是提出好问题。

2015年12月我在山东泰安实验学校听课时，语文老师在与小学六年级同学一起学习《伯牙绝弦》一课时，向同学们提出了一个非常好的问题：如果你是伯牙，你是否会"绝弦"？子期之外，伯牙真的不可能再遇知音吗？在你未来的人生中，是否可能遇到第二个、第三个知音？

显然，这是一个没有唯一标准答案的问题，可以引起学生们的思考，也可以引起持有不同看法的同学之间的论辩，学生可以在论辩中提高自己的论证能力。生活中，人们常常需要在审辩的基础之上力行担责，作出自己的选择。

为了提高审辩式思维水平，可以读读雨果的小说《悲惨世界》。

小说的主人公冉阿让因偷取一块面包而成为犯人，做了19年的苦役。获释后，在莫里哀主教的感召下，成为一个勤勉敬业、一心向善的成功企业主和市长。为了避免一个人因与自己相貌相似而落入冤狱,他放弃了自己来之不易的成就,再次入狱。后来,他成功从狱中逃脱,隐姓埋名,用自己全部的爱,改变了已经去世的贫穷女工芳汀的女儿珂赛特的命运,帮助她获得了一种体面、幸福的生活。

在《悲惨世界》中,有许多可以审辩之处。

1. 冉阿让是否应该去自首?

冉阿让是否应该为了挽救蒙冤的商马第先生,最后决心去自首?为此,他经历了剧烈的内心挣扎。雨果将描写他内心挣扎的这一节的题目写为"脑海风暴"。

冉阿让想到了曾改变自己人生的老主教,因此,他不愿做一个人格扫地而受人恭维的官吏,宁愿去做一个不沾名誉而可敬的囚徒。因此,他不愿留在天堂里做魔鬼,宁愿回到地狱里做天使。

冉阿让想到了需要自己帮助的芳汀和需要自己去拯救的珂赛特。"那饱尝痛苦、颠沛流离的妇人,那苦命的孩子,我原打算把她带来,带到她母亲身边。如果我走了,将会发生什么事呢?母亲丧命,孩子流离失所。那可怜的小珂赛特,她在世上只有我这样一个依靠,可现在她一定在那德纳第家的破洞里冻得发青了。"

冉阿让想到了在他的帮助下摆脱了贫困的许许多多的家庭。"这里有地,有城,有工厂,有工业,有工人,有男人,有女人,有老公公,有小孩子,有穷人。我维持着这一切人的生活,我使人们生活安乐。我扶植,振兴,鼓舞,丰富,推动,繁荣了整个地方。我退避，一切都将同归于尽。这样做，完全是自私自利。我应为更多的人着想，不能只想到自己的灵魂获救。"

在驾马车长途奔波去挽救商马第的一天一夜的行程中，冉阿让一直经历着剧烈的内心冲突。实际上，直到他拉开法庭的门把手走进法庭那一刻，他一直挣扎在内心的两个声音之间。

2. 沙威是否应放走冉阿让？

警察沙威是否应放走逃犯冉阿让？"在他面前看见了两条路，都是笔直的，确实他见到的是两条路，这就使他惊慌失措，因为他生平只认得一条直路。使他万分痛苦的是这两条路方向正相反。两条直路中的一条与另一条绝对排斥"。一方是法律，另一方是善良；一方是社会利益，另一方是个人良知。究竟哪一条路是正确的呢？

3. 如果德纳第遇到莫里哀主教会如何？

2016年6月17日，南京燕子矶中学的语文教师杨赢在与高中学生一起阅读了《悲惨世界》之后，向学生们提出了一个非常好的问题：冉阿让由于遇到莫里哀主教而获得了非常不同的人生。如果德纳第有机会遇到莫里哀主教，他会像冉阿让一样变为一个善良的人吗？

杨赢老师提出了一个非常好的问题，一个具有挑战性的问题，一个可以引起真正思考的问题。这个问题，不用说对高中生，即使是对一个有丰富人生阅历的成年人，也具有很大的挑战性。

有的人的答案是：不会。毛泽东同志曾经在《矛盾论》中说："唯物辩证法认为外因是变化的条件，内因是变化的根据，外因通过内因起作用。鸡蛋因得适当温度而变化为鸡子，但温度不能使石头变为鸡子，因为二者的根据不同。"的确，给石头多么适宜的温度，也孵不出小鸡。冉阿让就像鸡蛋，德纳第就像石头，虽然他们同样生活在社会底层，但他们灵魂的质地完全不同。对于教化，冉阿让有感知，而德纳第的心灵已然是一块顽石——他唯利是图，讹诈钱财，甚至谋财害命，虐待小珂赛特。为了从冉阿让那里骗取钱财，甚至不惜弄伤自己小女儿。在19世纪的作家中，雨果突出地表现出对人性善的信仰，他笔下人物的内心或多或少都闪耀着人道主义的光芒，而他唯独没有给德纳第以良心发现的机会。小说最后，德纳第被马吕斯宽恕并得到资助亡命他国，然而他还是没有悔改，逃到美洲后继续从事贩卖黑奴的罪恶营生。德纳第们已注定是这个世界的害虫，无药可救。对这样的人怎么办？

有人的答案是：会。在雨果的笔下，冉阿让也曾经是一个冷酷、贪财的形象。他曾经恩将仇报，偷走了善待他的老主教的银器。他曾经冷酷地抢走了扫烟筒小孩挣到的钱。在莫里哀主教的感召下，他幡然悔悟，重新做人，最终实现了一个平凡而伟大的人生。可以设想，如果德纳第遇到老主教，也完全可能获得不同的人生。对此，可以从以下几个角度去思考。

第一，人的思想往往被他所处的社会环境塑造。德纳第是他所处社会环境的牺牲品。从雨果描述的19世纪法国的社会状况，我们可以看到，德纳第童年和青少年时期的成长环境充斥着欺诈和残忍，他从中逐渐学到的法则，一定是为了生存而不择手段。他之所以变成"石头"，不是天性本恶，而是环境使然，教育使然。

第二，如果莫里哀主教遇到德纳第，他一定会像对待冉阿让一样，将他视为一个可能被拯救的灵魂。一定会把他视为一个"鸡蛋"来竭尽自己的全力给予温暖，一定不会把他视为一块"石头"。这是莫里哀主教虔诚而执着的信仰。

第三，德纳第，尤其是尚未成年的德纳第，应该成为教育的对象。作为一个教师，应该具有与莫里哀主教类似的信仰，相信每个学生都是可以孵出鸡子的"鸡蛋"。

这个问题，还可以引起我们更多的思考。

莫里哀主教是"培养"了冉阿让善良的品质，还是唤醒了冉阿让人性中深藏的善良、悲悯和同情？

有人因饥饿而偷食物，这是偷窃者的错误，还是其他的错误所致？

"人之初，性本善"吗？

关于《悲惨世界》，从更宽广的角度讲，还可以审辩以下话题。

例如，冉阿让本来可能帮助许多人改变命运。但是，他仅仅帮助珂赛特一个人改变了命运。他仅仅为一个珂赛特付出了自己的一生，值吗？他是否迷失了自我？

例如，对恶行宽恕的限度在哪里？老主教是否应该宽恕和纵容恩将仇报、偷窃银器的冉阿让？如果每个人都像老主教那样纵容违法者，法治社会怎样建立？

例如，道德感召与制度约束，各自应发挥怎样的作用？

例如，宗教信仰在维护社会和谐中具有怎样的作用？

……

《悲惨世界》出版至今已经一个半世纪，至今，它仍然直指人心，仍然引起许许多多具有审辩式思维的人的思考，仍然激励和鼓舞着许多向往高尚生活的人们。

《悲惨世界》向我们揭示了审辩式思维的核心理念：在一部分人看来属于看似合理的看法，在另一部分人看来可能并不属于看似合理的看法。具有审辩式思维的人在坚持自己真理的同时，也能包容别人的真理。

留在天堂中做魔鬼，还是回到地狱中做天使？具有审辩式思维的人理解，这不是仅仅靠分析性推理就可以回答的问题，这是需要借助审辩式思维作出选择的问题。

05 《三体》(一)：宇宙中有共同的道德准则吗？

读完《三体》后最直接的感受是：作者刘慈欣是个天才，其天赋和学识都让人惊叹。《三体》讲了一个好故事，带来了许多启发。阅读《三体》有助于提高读者的审辩式思维水平。在这方面，刘慈欣的功劳很大。

1. 存在"普世（世=宇宙）价值"吗？

刘慈欣在《三体》第一部《地球往事》的后记中问：如果存在外星文明，那么宇宙中有共同的道德准则吗？他说，这个问题"可能关乎人类文明的生死存亡"。对此问题，刘慈欣给出了否定的回答。

他说："'人之初，性本善'之说在人类世界都很可疑，放之宇宙更不可能皆准。""我认为零道德的文明宇宙完全可能存在，有道德的人类文明如何在这样一个宇宙中生存？这就是我写《地球往事》的初衷。"❶

在《三体》的后两部中，刘慈欣以讲故事的方式，更加明

---

❶ 刘慈欣.三体：第一部［M］.重庆：重庆出版社，2017.

确、生动地表达了自己的看法。但是，在第三部结尾的时候，刘慈欣对此表现出了一些动摇和犹豫。他让程心和关一帆作出了响应"回归运动"的号召，让他们最终选择了责任。他们的最终选择，也就是刘慈欣的最终选择，是为了避免使宇宙（或大宇宙）永远地走向死亡，是为了给新宇宙以诞生的希望，放弃自己舒适祥和的 647 号"小宇宙"，开始一段前程未卜的流浪。在他们最终承担责任的选择中，包含对多数"小宇宙"居民会作出与自己类似选择的期冀。

刘慈欣自己"零道德宇宙存在"的述说，刘慈欣为程心和关一帆所作出的最后选择，表现了他自身的矛盾。其实，这种矛盾存在于许多人的身上，也构成了人类丰富的个性。具有审辩式思维的人理解，在人的一生中，通常会多次面临类似于程心和关一帆的选择，他常常无法作出合理的正确的选择，他必须作出自己看似合理的选择，并力行担责。

2. 存在"普世（世＝地球）价值"吗？

刘慈欣认为，宇宙可能是"零道德"，可能不存在普遍被接受的价值。地球上的人类，是否存在一种普遍接受的道德？是否存在普遍接受的价值？如果存在，什么是地球人类普遍接受的价值？通过书中的人物，通过书中所讲述的故事，通过叶文洁、罗辑、章北海、程心、韦德等人的选择，刘慈欣一直在思考这个问题，一直在尝试着给出一些答案。根据小说，看起来他尚没有找到确切的答案。

3. 程心的选择

全书中最重要的一个选择可能是作为"执剑人"程心的选择。在地球人与三体人经历了半个多世纪的威慑平衡后，程心接替了罗辑成为第二任"执剑人"，承担起对三体人入侵的威慑责任。在三体人冒险对地球发起攻击之后，程心有 10 分钟的时间来完成自己的"执剑"任务，实现对三体人的报复，并暂时性地解除三体人对地球的威胁和对地球人的压迫。但是，程心却放弃了这个"执剑"的责任，没有及时地启动引力波发射机，没有及时发出关于三体坐标信息的广播。

程心有充分的理由扮演好自己的"执剑人"角色，完成自己的任务。通过发出引力波广播，可以使三体人失去对地球的兴趣，从而使地球避免一场浩劫。虽然，广播三体世界的坐标信息，也很可能同时暴露太阳系和地球的位置，使地球与三体同归于尽，但是，即使招致打击，这种打击大概率会在一到两个世纪以后才会降临，地球文明完全有可能在此期间找到逃生的途径。

书中，刘慈欣让程心放弃了自己的职责，错失了挽救地球人类的宝贵的 10 分钟，最终使人类遭遇了一场惨绝人寰的灾难。程心固然有充分的理由选择"执剑"，同时也有充分的理由选择"弃剑"。程心不能排除这样一种可能性：三体人到访地球仅仅是为了生存。他们不会对地球人进行种族灭绝，他们可能与地球人共享地球资源。

程心应该"执剑"还是"弃剑"？刘慈欣并没有简单地给出

答案。一方面,他描写了地球人类因程心的失职而承受的巨大灾难,通过这种描写批评了程心的优柔寡断;另一方面,他也给予了程心充分的理解和宽容。

显然,程心是在赌"人性"。这里的"人",是《三体》语境中的广义的人,包括"三体人"。在小说中,根据刘慈欣讲述的故事,这次,程心赌输了,"三体人"没有像程心所期望的那样善待地球人类。需要审辩的问题是:下一次,也一定会赌输吗?实际上,在每个人的一生中,都可能遇到需要"赌人性"的时候,读者需要审时度势地作出自己看似合理的选择。

何谓审辩式思维?最简单的回答是12个字:不懈质疑,包容异见,力行担责。在我提出的审辩式论证"五诀"中,第一诀是延缓判断,其后的四诀是事实确认、兼听双方、梳理理由和替代方案。❶ 程心的选择,还涉及力行担责与延缓判断之间的冲突问题。实际上,程心的选择窗口只有10分钟。或许,在这10分钟里,程心并未主动地作出选择,她只是由于犹豫不决而错失了选择窗口。结果,"不选择"成为"坏选择"。具有审辩式思维的人,通常需要延缓判断,需要想到,你了解的事实可能不准确、不全面;你作出选择的理由可能还不充分,还可能存在其他的替代方案,等等。但是,如果你的选择窗口很快就会关闭,当然不能延缓。这时,你需要力行担责。

---

❶ 谢小庆.五诀、七诫、九酌——审辩式论证的思维进阶[J].福建基础教育研究,2022(4):29-31.

4. 维德的选择

小说中个性最鲜明、最引起争议的人物是维德。维德作为行星防御理事会战略情报局（简称 PIA）局长，似乎他唯一在意的问题就是如何防御外星人对地球的攻击。为了这个目的，他完全不择手段，抛弃一切道德考虑和道德禁忌，作出了一系列超越常理的选择。

维德谋杀了善良无辜仅有 40 多岁的情报局技术规划中心主任瓦季姆。瓦季姆是一位来自俄罗斯的科学家，有一个幸福的三口之家，女儿才一岁多。

他将年轻的云天明的大脑从他的身体中取出，用阶梯提速的推进器，将云天明存活着的、与身体分离的大脑，送入太空。

为了争取到"执剑人"的位置，维德尝试刺杀作为"执剑人"候选人的程心，向程心连开两枪，险些将程心杀死。

维德与程心之间不存在任何个人恩怨，他谋杀瓦季姆和刺杀程心，都完全是出于"公心"，完全是为了使地球人类能够抵抗外星人的入侵。正如维德在刺杀程心时对她所说："我对你本人没有一点儿恶意，不管你信不信，我此时很难过。……你们（程心和瓦季姆）都很出色，但挡道的棋子都应清除。我只能前进，不择手段地前进！"

维德的选择触碰了一个非常基本的问题，一个具有很大普遍性的问题：为了一个看似合理的目的，是否可以不择手段？是否可以采用卑下甚至残忍的手段？

对于这个问题，天才的德国思想家马克斯·韦伯在 1919 年于慕尼黑所进行的题为《作为志业的政治》演讲中有精辟的讨论。他说:"这个世界上没有哪种伦理能回避一个事实:在无数的情况下,获得'善的'结果,是同一个人付出代价的决心联系在一起的——他为此不得不采用道德上令人怀疑的,或至少是有风险的手段,还要面对可能出现,甚至是极可能出现的罪恶的负效应。当什么时候、在多大程度上,道德上为善的目的可以使道德上有害的手段和副产品圣洁化,对于这个问题,世界上的任何伦理都无法得出结论。"❶

韦伯指出,政治家经常面对信念伦理和责任伦理之间的冲突。基于信念伦理,政治家需要拒绝采用一些违背自己关于正义和善准则的卑下手段;基于责任伦理,政治家需要为了承担自己对于社会和人民所应尽的责任而冒道德风险,甚至违背自己的信念伦理。韦伯指出,这是两种根本不同的、势不两立的行为准则,两种准则之间经常存在着深刻的冲突。

有人认为,善的目标必通过善的手段来追求,不善的手段必然导致不善的后果。韦伯严厉地反驳了那种看法。他指出,凡是将自己置身于政治的人,凡是将权力作为手段的人,都同恶魔签订了契约。他真实的行为,他所处的真实情况,往往不是"善的目的只能靠善的手段来实现",往往是恰好相反。"任何不能理解这一点的人,都是政治上的稚童"。

韦伯指出,世界上的各种宗教,包括基督教、伊斯兰教、印度教等宗教在内,包括基督教不同派别在内,都需要面对这种信

---

❶ 韦伯.学术与政治[M].冯克利,译.北京:商务印书馆,2018.

念伦理和责任伦理的冲突，都受到这种激烈价值冲突的困扰。

韦伯曾提醒，对那些充满浪漫情怀的鼓吹"信念至上"的政治家，需要保持警惕。他说，这些人大多是空话连篇，不过是自我陶醉在自己的浪漫情怀之中。韦伯指出，真正能够打动人心的，是那些成熟的人，是那些意识到自己对行为后果所负责任的人。他说："我们每一个人，只要精神尚未死亡，就必须明白，我们都有可能在某时某刻走到这样一个位置上。就此而言，信念伦理和责任伦理便不是截然对立的，而是互为补充的。唯有将两者结合在一起，才构成一个真正的人——一个能够担当'政治使命'的人。"

据《史记》记载，项羽在鸿门宴上放走刘邦之后，范增曾叹息"吾属今为之虏矣！"（我们今后都会成为刘邦的俘虏）。项羽放走刘邦，是基于其信念伦理——不能恃强凌弱，以不光明的手段除掉自己的对手；范增要除掉刘邦，是基于其责任伦理——对江东子弟和江东父老的责任。

古往今来，战争中常常采用"情报战"，散布虚假信息误导对手。一般来说，战争时可以兵不厌诈；和平时，需要讲求诚信。某一特定时期，究竟是属于"平时"还是"战时"？不同的人也可能作出不同的判断。今天，我们仍然时时可能面临相似的判断和选择难题。

其实，不仅政治家经常面对二者之间的激烈冲突，企业家也会经常面对二者之间的激烈冲突。今天，最强烈地感受着这种价值伦理冲突的或许是企业家李彦宏。当他进行"竞价排名"的时候，当他默许虚假医药广告的时候，当他为了运营安全而进行自我约束的时候，他会承受内心违背信念伦理的压力。但是，他的责任伦理，他对企业生存所承担的责任，他对于数以万计百度员工的生计所承担的责任，又迫使他很难作出不同的选择。

为了一个看似合理的目的，是否可以采取卑下的手段？这个问题，并不存在唯一的标准答案，并不存在脱离特定情境中特定问题的正确答案。每个政治家、每个企业家、每个校长、每个教师、每个家长，都可能面临信念伦理和责任伦理之间的冲突。每个人，都需要审时度势，都需要在审辩的基础之上作出自己看似合理的选择，并力行担责。同时，应该包容异见，理解和包容其他人与自己不同的选择。

5. 章北海的选择

《三体》中，章北海是刘慈欣塑造的一个近乎"救世主"一样的人物。他出身于中国人民解放军海军，具有坚定的信念、顽强的意志和沉稳的性格，他目标明确，为了实现自己的目标，不惜放弃一些道德规范。

章北海曾面临一系列艰难的选择。为了建造可以实现自己目标的恒星际辐射驱动飞船，为了阻止航天系统偏爱的工质推进飞船（传统化学火箭的升级产品），他精心设计了一场谋杀，杀害了三名航天系统的顶级专家，同时误伤了在场的另外两人。杀害他们，仅仅是由于他们更倾向于他们自己熟悉的工质推进飞船，仅仅是为了给章北海所期望的辐射驱动飞船的发展清除障碍。三位被害的航天专家无辜殒命，被误伤的另外两人就更加无辜。

在由"自然选择号""蓝色空间号"等五艘飞船组成的地球

审辩式思维：
看电影、读小说学习终身成长的思维模式

人类幸存舰队中，要想到达作为临时目的地的恒星，只能将有限的燃料和配件集中于一艘飞船上。作为"自然选择号"的执行舰长，为了生存，章北海抱定"我不入地狱谁入地狱"的决心，启动了杀害"蓝色空间号"等其他四艘飞船上几千名船员的操作指令。

章北海所面对的是与维德相似的问题：是否可以为了实现自己认定的正确目标而不择手段，甚至是杀害无辜？维德下决心杀害的仅仅是瓦季姆和程心两个人，章北海下决心杀害的却是三名航天专家和"蓝色空间号"等四艘飞船上的几千名无辜船员。

章北海拒绝杀害无辜的理由是如此明显，几乎无须论证：被害者是无辜的，被害者的生命应该得到尊重。

章北海也有理由作出谋杀的选择。在刘慈欣所讲述的故事中，正是由于章北海的决绝选择，几十亿地球人类才得以继续存活，才跳脱了被"三体人"奴役和灭绝的噩梦，几十亿地球人才得以重返自己位于亚洲、欧洲、美洲、大洋洲和非洲的家园。

审辩式思维是对一个主张适用范围的认识和理解，是对命题概括化范围的认识和理解。一个具有审辩式思维的人理解"生命至上""遵纪守法""人要宽容""课堂要以学生为中心""顾客是上帝""有志者事竟成"，等等。所有这些命题，都仅仅在一定的条件下才能成立，都具有一定的适用范围，都并非普世、普适、普时，都并非放之四海而皆准。因此，他会直面选择，果断决策，勇于面对自己选择的后果，承担自己选择的责任。

《三体》用非常生动形象的艺术形式对审辩式思维进行了阐释。每个人的人生中，都可能面临程心、维德、章北海等所曾面临的艰难选择,都可能处于他们所曾面对的两难困境。面对艰难的选择,每个人都需要听从自己内心的召唤,作出自己的选择,并承担自己的责任。是"同归于尽",还是"赌一把人性"?是"杀害无辜",还是"人类灭绝"?是"温情脉脉地共同赴死",还是"残忍地争取一线生机"?……我们所面临的种种选择,往往包含对各种"害"的价值权衡。"鱼与熊掌兼得"通常只是幻想,多数情况下需要"鱼与熊掌择一"。因此,我们需要具有审辩式思维,需要不懈质疑、包容异见,更重要的是力行担责。

程心、维德、章北海的选择可以被理解吗?具有审辩式思维的人是能够理解的。实际上,刘慈欣已经通过小说给出了自己的回答。其他人完全可能作出与刘慈欣不同的回答。一些人看似合理的选择,并不一定是另一些人看似合理的选择。

具有审辩式思维的人能够理解,世界上根本不存在客观的真理,绝对的客观真理是没有的。曾任清华大学副校长的施一公也说过,科学上没有所谓的真理,只有不断改进的人类对自然的认识。那些真正有智慧的人,他们在坚持自己的"真理"的同时,也能包容别人的"真理"。审辩式思维的关键在于:对自己的"真理"要真诚,陈述自己的"真理"要旗帜鲜明,坚持自己的"真理"要勇敢;对别人的"真理"要包容,攻击别人的"真理"要谨慎。

显然,阅读《三体》,审辩小说中程心、维德、章北海等人所作出的选择,有助于提高读者的审辩式思维水平。从这个意义上讲,刘慈欣确实讲了一个好故事。

06 《三体》(二)：要在多维空间中进行思考

有人问我："审辩式思维的反义词是什么？"

我回答："简单思维。"

具有审辩式思维者，习惯于在多维空间中进行思考；而具有简单思维的人，则习惯于在一条一维直线上进行思考。

不同于简单思维，具有审辩式思维的人，不会把一个三维空间中的"球"压缩为一个二维平面中的"圆"，更不会把三维的"球"压缩为一条一维的直线，如图1所示。

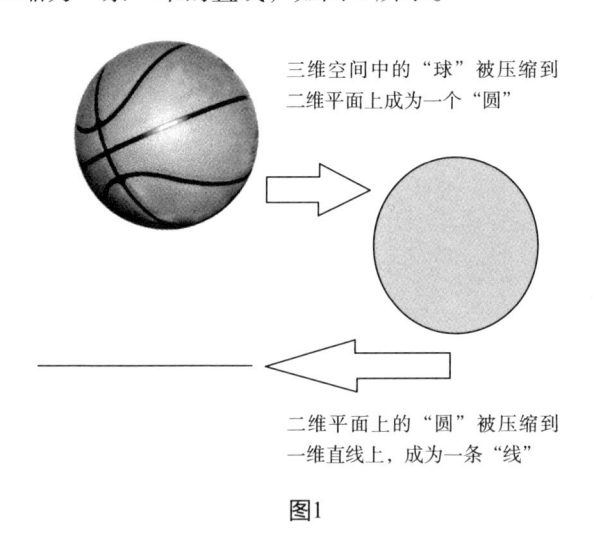

三维空间中的"球"被压缩到二维平面上成为一个"圆"

二维平面上的"圆"被压缩到一维直线上，成为一条"线"

图1

例如，具有审辩式思维者理解：作为东汉末期的一位大臣，曹操可以算得上一名"奸臣"，他挟天子以令诸侯，欺君罔上，专横霸道；作为一个军事家，他堪称优秀，他以弱胜强，打败袁绍，先后击败袁术、陶谦、吕布、张鲁、马超，北定乌桓，为魏国的建立奠定了基础；作为一个政治家，他抑制豪强，屯田兴农，兴修水利，尚礼重法，不拘一格招揽人才；作为一个诗人，他的诗歌大气磅礴，得以传世；作为一个朋友，他猜忌多疑，滥杀无辜……曹操是一个活生生的人，一个非常丰富的人。我们可以从政治、军事、为臣、为友、为文等多个维度对他进行审视，不能把一个多维的人压缩到一条直线上，简单地给他贴上一个"好人"或"坏人"的标签。

审辩式思维，是一种多维的思维，是一种多维空间中的思维。三维空间，人们很容易理解。多于三维的空间，四维、五维空间，由于脱离了人的常识，脱离了人的直观感觉，一些人会感到很难理解。《三体》以文学的方式，带我们走进了高维空间，帮助我们获得了一些关于高维空间的形象化图像。

1. 智子

《三体》中的一个重要主题是"智子"。所谓"智子"，是一个经过加工处理的 11 维空间中的质子。三体人对这个 11 维的质子进行了二维展开，在二维展开状态下进行了复杂的集成电路刻制，之后，再收缩为 11 维。这时，原来的质子就变成了具有超强计算功能的"智子"。三体人制作了四颗"智子"，将其中的两颗植入太阳系的地球。借助这两颗智子，三体人不仅阻断了地球人的科技发展，而且实现了对所有地球人活动的无死角全天候实时监控。

《三体》中这样描写了高维空间的复杂性。关于一个微观粒子内部结构的复杂程度，三体世界的科学执政官说：

> 从一维视角看微观粒子，就是常人的感觉，一个点而已；从二维和三维的视角看，粒子开始呈现出内部结构；四维视角的基本粒子已经是一个宏大的世界了……在更高维度上，粒子内部的复杂程度和结构数量急剧上升，我在下面的类比不准确，只是个形象的描述而已：七维视角的基本粒子，其复杂程度可能已经与三维空间中的三体星系相当；八维视角下，粒子是一个与银河系一样宏大浩渺的存在；当视角达到九维后，一个基本粒子内部结构的数量和复杂程度，已经相当于整个宇宙。至于更高的维度，我们的物理学家还无法探测，其复杂度我还想象不出来。❶

科学执政官的这个"形象的描述"，多少帮助我们获得了一些有关高维空间的感觉。

2. 四维空间

冷静甚至冷酷的章北海，补救了"执剑人"程心"弃剑"所造成的严重后果，挽救了险遭三体人灭绝的地球人类。由于章北

---

❶ 刘慈欣.三体：第一部［M］.重庆：重庆出版社，2017.

海谋杀了航天系统研制传统工质推进飞船方面的三位顶尖专家，使发展新型的恒星际辐射驱动飞船的计划得以实现。由于章北海劫持了地球人类最先进的辐射驱动飞船"自然选择号"叛逃，使五艘飞船躲过了"水滴"的致命打击，最终在"蓝色空间号"上保存了人类文明的火种。"蓝色空间号"通过高维空间的"翘曲点"，占领了具有引力波发射功能的"万有引力号"，发出了三体星的位置坐标信息，从而使地球人类重获生机。

在讲述"蓝色空间号"占领"万有引力号"的过程中，刘慈欣描绘了一幅关于"四维空间"的图景：

首次从四维空间看三维世界的人，首先领悟到一点：以前身处三维世界时，他其实根本没看见过自己的世界，如果把三维世界也比作一幅画，他看到的只是那幅画与他的脸平面垂直放置时的样子，看到的只是画的侧面，一条线；只有从四维看，画才对他平放了。他会这样描述：任何东西都不可能挡住它后面的东西，任何封闭体的内部也都是能看到的。这只是一个简单的规则，但如果世界真按这个规则呈现，在视觉上是极其震撼的。当所有的遮挡和封闭都不存在，一切都暴露在外时，目击者首先面对的是相当于三维世界中亿万倍的信息量，对于涌进视觉的海量信息，大脑一时无法把握。

此时，在莫沃维奇和关一帆的眼前，"蓝色空间号"飞船像一幅宏伟的巨画舒展开来。他们既可以看到舰尾，也可以看到舰首。他们能够看到每一个舱室的内部，也能够看到舱中每一个封闭容器的内部；可以看到液体在错综复杂的管道中流动，看到舰

审辩式思维：
看电影、读小说学习终身成长的思维模式

尾核反应堆中核聚变的火球……这种展开是所有层次上的，最难以描述的是固体的展开，竟然能够看到固体的内部，比如舱壁或一块金属、一块石头，能看到它们所有的断面！他们被视觉信息的海洋淹没了，仿佛整个宇宙的所有细节全在周围色彩斑斓中并列呈现出来。

这时，他们不得不面对一个全新的视觉现象：无限细节……在无穷层次的暴露并列中，显露出无限的细节……当一个物体在所有层次上都暴露在四维时，便产生了一种令人眩晕的深度感，像一个无限嵌套的俄罗斯套娃，这时，"从果核中看到无穷"不再是一个比喻。

莫沃维奇和关一帆也相互看到了对方，还看到了旁边的褚岩。他们看到的是并列出无限细节的人体，可以看到所有的骨骼和内脏，可以看到骨骼里的骨髓，可以看到血液在心脏心室间的流动和瓣膜的开闭，与对方对视时，也可以清晰地看到眼球晶状体的结构。❶

"一维直线""二维平面"和"三维空间"都很好理解。对于一些人，"一维空间"和"二维空间"就感到费解；对于更多人，很难理解"四维空间"和"高维空间"。

刘慈欣向读者展示了四维空间的图景，带领读者走进了四维空间。这种关于复杂世界和高维空间的想象，是审辩式思维的重要组成部分。我认为，《三体》对于审辩式思维发展最直接的积

---

❶ 刘慈欣. 三体：第三部［M］. 重庆：重庆出版社，2017.

极效应，就是帮助更多的人理解了"多维空间"。

3. 心理测量的特质空间

在 1988 年由华中师范大学出版社出版的《心理测量学讲义》中，笔者曾将心理测量问题形式化为一个人的心理特征在"特质空间"中的定位问题，见下文所述：❶

如果我们将人的每一种特质看成一个数轴，每一个人都在这轴上的某一点，那么，两个特质就可以构成一个平面，三个特质就可以构成一个三维特质空间，而多个特质就可以构成一个多维特质空间。例如，人的记忆力和人的内外倾向就可以构成一个二维特质平面，如图 2 所示。

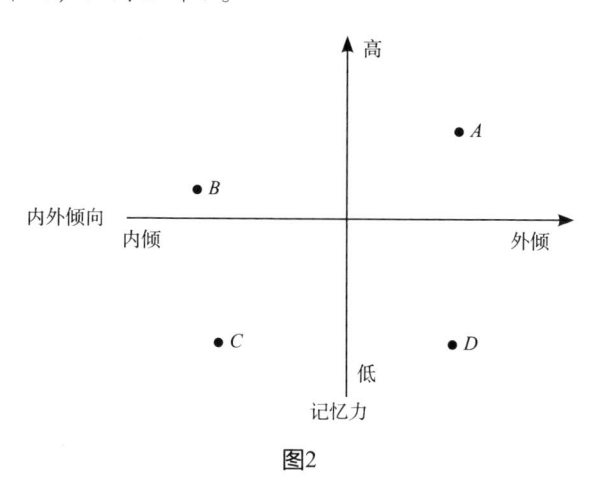

图2

在这个由内外倾向和记忆力构成的二维平面中，我们假设内

---

❶ 谢小庆. 心理测量学讲义 [M]. 武汉：华中师范大学出版社，1988.

审辩式思维：
看电影、读小说学习终身成长的思维模式

外倾向与记忆力是无关的。于是，这两根轴就互相垂直。一个记忆力很好的人，可能非常外倾（如 A），也可能非常内倾（如 B）；一个记忆力较差的人，可能非常外倾（如 D），也可能非常内倾（如 C）。在这个平面中，每个人都可以根据他们的内外倾和记忆力的特点而确立一个点。

事实上，人的特质经常是互相有某种程度的相关的。例如，理解力与记忆力之间有某种程度的相关；理解力较强的人，记忆力也较强；理解力差的人，记忆力也较差。对于每个人，在这个由互相斜交的两条数轴界定的平面内均有一点与之对应，如图 3 所示。

当两种特质相关度很高时，我们为了表达得简明就可以牺牲一些精确性，用一个特质来解释这两个相关度很高的特质。这是在后面将讲到的"因素分析"的主要过程。

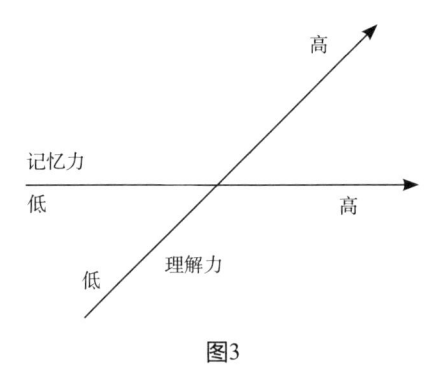

图3

当我们同时研究三种特质时，这三根特质轴就可以构成一个三维空间，如图 4 所示。

图4

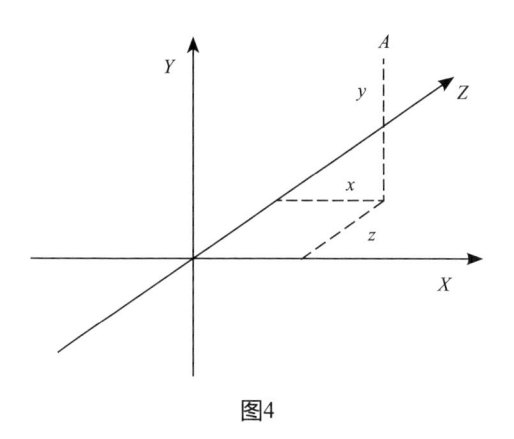

例如，记忆力、创造力、内外倾向这三种特质构成一个三维空间。在这个空间中，每个人亦可以占据一点。对图4中的 A，他在 X、Y、Z 三个维度上，分别居于 x、y、z 的位置，即均是处于中等以上的位置。他在这三个特质维度上的位置，确定了他在这一三维空间中的一点。

以此推理，在人所具有的各种特质构成的一个高维空间中，每个人都占据一点。在这个高维特质空间中，几乎存在着无限的点，每个人所处的点均不同，只有当两个人在所有的特质上完全相同时才能重合，显然，这种可能性是几乎不存在的。

建立了特质空间之后，几乎所有的心理测量学问题均可以在这个空间中讨论。在这个空间中，心理量的测量问题就化为一个点的确定问题。心理测量的任务就是通过一些手段在这个特质空间中确立每个人的位置。事实上，点的确定是不可能的，我们只能根据已有的资料确立一个范围，确立某人在这一空间中的某一个子空间范围内。心理测量中的所谓信度、效度问题，就是一个

审辩式思维：
看电影、读小说学习终身成长的思维模式

确定这一子空间的范围的问题；分数组合的问题就是一个从已知的数据中计算出某一个维度轴与其他几个轴的函数关系的问题；因素分析问题是一个从高维空间向低维空间的空间变换问题；分数解释问题是一个坐标原点的确定问题和等值化的问题。在以后的讨论中我们将看到，由于"特质空间"的建立，心理测量学中的许多问题可以被转化为形式化的数学问题，并可以运用已有的数学工具来解决这些问题。

显然，如果有更多的人读了《三体》，在学习《心理测量学》的时候，就会轻松许多，也更容易理解审辩式思维与简单思维之间的区别。

具有审辩式思维者理解：

在一条单维直线上，一个点只有一个坐标；

在一个二维平面中，一个点却有两个坐标；

在一个三维空间中，一个点还可以有三个坐标；

在一个四维空间中，一个点甚至可以有四个坐标；

……

在一个 N 维空间中，一个点可以有 N 个坐标。

有些人，一辈子习惯于简单的直线思维，一辈子想不明白一个点怎么能有两个坐标。他们总是喃喃地说：一个点怎么能有两个坐标呢？总有一个坐标是"本质坐标"吧？

具有审辩式思维者，可以从不同方面去对一个人、一件事进行审辩。他们理解，非要将某一个方面规定为其"本质"，实际上是将一个复杂的事情简单化了。

热衷于"揭示本质"是一种简单的思维方式,而审辩式思维则是一种"非本质化"的复杂思维方式。

不同于简单思维,具有审辩式思维的人尽量避免谈论本质,而是执着地追寻丰富的真相,专注于揭示现象之间的联系。他们理解,没有一元的本质,只有多元的特质。他们关注和理解当代解释学、现象学和存在主义的思想成果,他们理解这些学说对"本质"的超越。他们往往表现出对单维性、主因素、一元性、直线性思维方式的超越,他们往往表现出多维度的、多因素的、多元的、非线性的思维方式,他们可以在一个多维空间中对一个历史人物和历史事件进行描述。

一维线性的本质思维方式过于简单武断,维度太多又过于复杂琐碎。一般说,三维空间中的描述属于持中的思维方式。因此,笔者提出21世纪需要的三项核心职业胜任力:

(1)口头和书面表达能力。

(2)逻辑推理能力。

(3)审辩式思维。

因此,笔者对审辩式思维的描述:不懈质疑、包容异见、力行担责。

在笔者的职业生涯中,主要的职业活动是进行人员评价。笔者评价人的基本框架是"情怀、天分、学识"三个维度。在笔者看来,讲"情怀",王进喜、焦裕禄、雷锋等人,感天动地,光照青史;讲"天分",郭德纲等属于绝顶聪明的人,才华横溢;不论是讲天分,还是讲学识,张爱玲、余秋雨,都出类拔萃,足以使许多人相形见绌。他们各有自己的"特质",没有必要去牵

审辩式思维：
看电影、读小说学习终身成长的思维模式

强地给他们贴上一个关于"本质"的标签。

将一个四维、五维以至高维空间中的问题简化到三维空间进行讨论，肯定会损失部分信息，肯定会损失一定的精确性。在许多时候，为了使问题更清晰、更便于理解，这种信息损失是值得的，这种对精确性的牺牲也是值得的。当然，面对特定问题，这种对于精确性的牺牲是否都是值得的，则需要审辩，不可一概而论。

今天，国际教育界已经形成共识：教育最重要的任务之一是发展学生的审辩式思维，审辩式思维是最值得期许的、最核心的教育成果。审辩式思维是教育的解放力量，是私人生活和公共生活的强大资源。

由衷地感谢刘慈欣，将读者带入"高维空间"，帮助读者获得了关于"高维空间"更形象的感受。

07 《三体》(三): 进入"高维空间", 拓展思路和视野

2009年11月21日《中国青年报》刊登了笔者的一篇题为《应允许干事的人犯错误》的文章。我在文章中写道:"11月6日,我与许许多多百姓一道,在寒风中排队几个小时,为钱学森先生送行。我清楚地知道钱先生在一些事情上受到非议,但我更清楚地知道,为了这个曾备受屈辱的古老民族重获尊严,他付出了毕生的努力。在今日中国的繁荣中,凝聚着他们的心血。"

钱学森同志是我的偶像,我是钱学森同志的"铁粉"。我知道,新中国有"五大模范":工人模范王进喜、农民模范史来贺、解放军模范雷锋、知识分子模范钱学森和干部模范焦裕禄,他们分别是新中国的铁人精神、劳模精神、雷锋精神、两弹一星精神和焦裕禄精神五种中华民族宝贵精神财富的代表。

我创办"审辩式思维"微信公众号的初衷,就是力图回答著名的"钱学森之问":为什么中国的学校培养不出一流人才?

长期以来,我心中一直有一个困惑:钱学森同志为什么会对一些超现实现象表现出很大的兴趣?这个困惑可以被称为"关于

钱学森之问"吧。读完刘慈欣的科幻小说《三体》,我的疑问获得了解答。

1. 翘曲点

《三体》中,由于"蓝色空间号"占领了更先进的具有引力波发射功能的"万有引力号",发出了三体星的位置坐标信息,才使地球人类逃出了三体人的奴役和灭绝,重获生机。"蓝色空间号"能够击败三体人的"水滴"和占领"万有引力号",是由于通过飞船上的"翘曲点"进入了四维空间。"翘曲点"是三维空间与四维空间之间的通道。人可以通过"翘曲点"从三维空间进入四维空间,也需要通过"翘曲点"从四维空间回到三维空间。

2. 思维桎梏阻碍了"三维人"发现"翘曲点"

"蓝色空间号"首先发现了"翘曲点",通过四维空间,击败了"水滴",继而占领了"万有引力号"。

"万有引力号"上的艾克中尉、刘晓明中士和关一帆博士三人都曾遭遇到"翘曲点",但是,他们都不相信自己的直觉,他们都把自己眼睛所见视为幻觉、心理障碍或梦境。当他们的直觉与逻辑发生冲突时,他们选择了"逻辑"而拒绝了"直觉"。

为什么"蓝色空间号"发现并利用了"翘曲点",而"万有引力号"至少有三个人遭遇了"翘曲点"却拒绝接受自己的直觉?"蓝色空间号"舰长褚岩上校说:"你们(万有引力号)的心理甄别很严格,有人遇到了也不敢说出来……我感到不解的是，(刘晓明)曾经观察到'万有引力号'后部三分之一都翘曲到四维，持续了好几分钟，你们居然都没发现什么。"

刘晓明为什么不敢向上级报告自己所看到的明显的"翘曲点"？是因为他担心自己被认为存在精神问题而接受心理治疗。作为一个低级别的士官，自己将因精神问题而被强制冬眠，最终将被作为一个废品送回地球。

3. 量子纠缠

量子纠缠是当代物理学一个引起广泛关注的话题。所谓量子纠缠，是指互相纠缠的两个粒子可以以超越光速极限的方式互相作用。最初，量子纠缠是爱因斯坦根据量子力学理论推导出的一个具有"不可能"性质的反例，有悖于相对论提出的光速极限，曾被爱因斯坦称为"鬼魅般的超距作用"。

自20世纪80年代以后，量子纠缠现象已经得到越来越多的实验支持，获得了国际物理学界越来越多人的认可。

关于量子纠缠，理论物理学家、原中国科技大学校长、原南方科技大学校长朱清时院士是这样解释的：

"你到一栋大楼去，监视房里摆满了屏幕。一个人进电梯以后，就在好多镜头里同时出现。如果是一个从未进入过监视工作间的人，他只是看到荧光屏，就会觉得怎么这么多人呢？而且这么多人很怪，动作好像协调一致了一样。人类看到基本粒子就像一个人第一次进入监视房以后，看到屏幕上的多个人影一样。每一个基本粒子就是监视器里的一个影像，你看到了好几个影像，你认为是好几个粒子，实际上你错了，它在背后的深层次中只有一个，这个东西在荧光屏上投影出来了这么多影像。"

朱清时院士的意思是说，多个监控荧光屏上所看到的图像，是三维空间的对象在二维平面上的投影。与此类似，我们所看到的互相纠缠的两个粒子，是四维空间中的对象在三维空间中的两个不同投影。在三维空间中难以理解的"鬼魅般的超距作用"，从四维空间的视角，其实很容易理解。

我们可以用另一个例子来说明。我们在脊椎的CT胶片上，看到许多脊椎的切面照片。其实，这些照片都是同一个三维脊椎在二维平面上的多个投影。我们在三维空间中观测到的互相纠缠的两个粒子，只是四维空间中同一个粒子在三维空间的两个不同投影。

4. 从"科幻"到科学突破

回想自己的小学生活，在进入5年级以前，对我影响最大的作家可能是儒勒·凡尔纳。大约在2年级的时候，我就开始阅读他的《神秘岛》，后来，陆续阅读了他的《格兰特船长的儿女》《海底两万里》《80天环游地球》《蓓根的五亿法郎》。凡尔纳的作品，可以被归类于科幻小说。这些作品都给我留下了深深的印象。我小学4年级开始阅读罗贯中的《三国演义》，后来又陆续阅读了《西游记》《水浒传》《说岳全传》《隋唐演义》《东周列国志》等。其实，《西游记》和《水浒传》都带有突出的科幻色彩。

今天，《海底两万里》《西游记》中的许多"科幻"，已经成为现实。许多时候，"科幻"是科学突破的第一步。今天的许多"科幻"，都有可能在未来的某一天成为科学突破。

今天,"翘曲点"还属于"科幻"。但是,量子纠缠已经不仅仅是"科幻",已经成为物理学家们认真研究的问题。今天,四维空间是对已经观察到的量子纠缠现象非常具有竞争力的一种解释。

作为一位优秀的理论物理学家和数学家,钱学森完全理解爱因斯坦与波尔等人关于量子力学的讨论,完全理解物理学家和数学家关于高维空间的思考。因此,对于常人很难理解的"耳朵识字"现象,在钱学森的眼中并不感到惊奇。在三维空间中,"耳朵识字"不仅违背常识,而且违背逻辑。但是,如果从四维空间的视角予以审视,则是完全可能的。那个"耳朵识字"的孩子,完全可能碰巧遭遇了一个"翘曲点",通过"四维空间"实现了"耳朵识字"。

"耳朵识字"的能力后来为什么消失了呢?这也很容易理解。"翘曲点"并非到处都是,也并非稳定地存在,翘曲点具有"漂移"的特点。当孩子错失了"翘曲点"之后,"耳朵识字"的能力自然也就消失了。

讨论至此,我们更强烈地感受到从小发展学生审辩式思维的重要性,更深地理解了发展审辩式思维与创新型人才成长的关系,更深地理解了发展审辩式思维对于思想解放的意义,更深地理解了发展审辩式思维对于"新人"的意义。

行文至此,我内心又一次由衷地感谢钱学森同志,感谢带我们走入"高维空间"的刘慈欣先生,感谢他们帮助我们开拓了思路和视野。

08 《三体》（四）：物理规律在时间和空间上不均匀

审辩式思维是最重要的国民素质之一，表现在认知和人格两个方面。其突出特点表现为六点（见本书第7页）。

我曾在"审辩式思维"微信公众号的几十篇文章中反复谈道：审辩式思维的四字真言是"这取决于"。

阅读《三体》，将有助于理解审辩式思维的"概括化范围"和"四字真言"。

《三体》中一个戏剧性的情节是物理学家杨冬（叶文洁女儿）的突然自杀。杨冬在遗书中透露了自己自杀的原因："物理学从来就没有存在过，将来也不会存在"。❶

杨冬的未婚夫、物理学家丁仪对此做了解释。他说：

近年来，基础理论研究的实验验证条件渐渐成熟，有三个昂贵的"台球桌（高能加速器）"被造了出来，一个在北美，另一个在欧洲，还有一个在中国良湘……这些高能加速器将实验中粒子对撞的能量提高了一个数量级，这是人类以前从未达到过的。

---

❶ 刘慈欣. 三体：第一部 [M]. 重庆：重庆出版社, 2017.

在新的对撞能级下,同样的粒子,同样的撞击能量,一切试验条件都相同,结果却不一样,不但在不同的加速器上不一样,在同一台加速器不同时间的试验中也不一样。物理学家们慌了,将这种相同条件的超高能撞击试验一次次地重复,但每次的结果都不同,也没有规律……这意味着物理规律在时间和空间上不均匀。❶

在《三体》第三部中,程心与艾AA借助维德秘密建造的太阳系唯一的一艘曲率驱动光速飞船"星环号",在太阳系遭受"二向箔"的降维打击时,得以逃往云天明赠送给程心的DX3906星系。400年后,她们到达了DX3906星系。在那里,她们遇到了"万有引力号"的随舰研究员关一帆博士。关一帆向程心讲解了光速仅仅有16.7千米的"光墓-黑域"。

"物理规律在时间和空间上不均匀""物理规律和数学规律成为战争的武器",这些,目前还仅仅是刘慈欣的大胆猜想。但是,他的猜想并非毫无根据,百余年的科学发展和数学发展,已经使许多曾经被认为是跨时间、跨空间、普世、普时、普适的物理规律和数学规律,受到质疑、受到挑战。如:

曾经被经典力学体系认为无限延伸的时间和空间,被今天已经获得广泛认可的"大爆炸宇宙学"所否定。

经典力学体系中在空间和时间上具有连续性的能量,在量子

---

❶ 刘慈欣.三体:第一部[M].重庆:重庆出版社,2017.

审辩式思维：
看电影、读小说学习终身成长的思维模式

力学中被视为不连续。

中观尺度上的"能量守恒"，在微观和宇观尺度上受到质疑。

熵增定律曾经被认为是一个普遍适用的物理规律，今天，越来越多的人认为这一定律仅仅适用于"孤立系统"。

"量子纠缠"现象，挑战了相对论的光速极限。

中观尺度中的欧几里得"平行公设"，在宇观尺度上受到质疑。

在经典数学中原本无意义的-1的平方根，在新的数学建构中获得了意义。

……

刘慈欣在《三体》中提出的这些大胆猜想，有助于提高人的审辩式思维水平，有助于读者理解"审辩式思维"与"演绎形式逻辑思维"之间的不同。

源于欧几里得几何学和亚里士多德"三段论"的演绎形式逻辑，是一种跨时间、跨空间、跨情境的思维方式；而源于东方哲学的审辩式思维，则是一种针对特定时间、特定空间、特定情境中实际问题的思维方式。图尔敏将这种不同于演绎形式逻辑的新逻辑称为"工作逻辑"。

思维不是目的，思维是为了更有力的论证，是为了作出基于有力论证之上的决策。今天，在国际论证研究领域最具有影响力的图尔敏论证模型中包含资料（Datum，D）、支撑（Backing，B）、理据（Warrant，W）、限定（Qualifier，Q）、反驳（Rebuttal，R）和主张（Claim，C）等六个基本要素。论证的基本过程是：资料（D）和必要条件的支撑（B）共同构成了理据（W），在接受了反驳（R）之后，经过限定（Q），使主张得以成立。

图尔敏论证模型（图5）"六要素"之一是"限定"。一个主张，一旦遭遇了强有力的反驳，就需要对主张的适用范围进行限定。

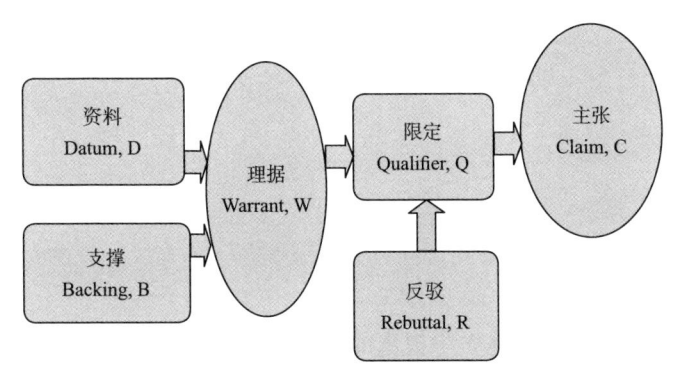

图5　图尔敏论证模型

在剑桥大学读书时，图尔敏是维特根斯坦的学生，他的思想深受维特根斯坦的影响。维特根斯坦的一个重要思想是：脱离使用，语言没有意义。

维特根斯坦在《逻辑哲学论》中说"为了通过其记号来辨识一个符号，我们必须在有意义的使用中观察它"。❶

他在《哲学研究》中说："一个词的意义就是它在语言中的用法。""我使用的名称'N'没有'固定的'意义。""应当问问：人们是在什么特定场合实际地使用这个句子的。在那种

---

❶ 维特根斯坦.逻辑哲学论［M］.北京：商务印书馆，1996.

特定场合，这个句子的确是有意思的。""每个符号自身仿佛是僵死的。什么东西赋予符号以生命？——符号在使用中才是活的。"❶

例如，我们会说："中国足球队，谁都赢不了。"我们也会说："中国乒乓球队，谁都赢不了。"脱离语境，"谁都赢不了"的表述，没有意义。

2021年4月10日，云上云下，全球各地的N代弟子们，共同祝贺我的博士导师张厚粲先生的第95个诞辰。聚会中，张老师的弟子谢军在发言中说："张老师对我最重要的影响是，张老师使我懂得，一个真正的强者，不是我有多么棒，而是我不在乎。"谢军的话引起我的强烈共鸣，给我留下深刻印象。同时，我也想到，"我不在乎"这句话出自谢军之口，给人强烈冲击，这是因为谢军不仅自己拿下了国际象棋个人世界冠军，而且带领自己的队友拿下了团体世界冠军。她可以这样讲，她的话也可以打动人。另外，如果讲"不在乎"，鲁迅笔下的阿Q可能算是最"不在乎"的人之一。不同的人讲出"不在乎"，给人很不同的感受。这时候，重要的并不是说了什么，而是谁，在什么时候，在什么地方对谁说了什么。

通过阅读《三体》，通过阅读刘慈欣关于"物理规律在时间和空间上不均匀"和"物理规律和数学规律成为战争武器"的大胆猜想，一些朋友或许会想到，即使是在物理世界中，对于"普世规律"也不妨大胆质疑，那么在心理世界、价值世界、人类社

---

❶ 维特根斯坦. 哲学研究［M］. 北京：商务印书馆，1996.

会，就更需要警惕"普世价值"。想到这些，大家或许会更加理解审辩式思维对"概括化范围"的强调，更加理解审辩式思维的四字真言——"这取决于"。

附录

01 初中生审辩式思维测试（样卷）

初中生审辩式思维测试（样卷）

本样卷包含 6 种题型，共 30 题，总分 100 分。

试卷构成见下表：

题型	题目数	每题分值	总分值
一、阅读理解	5	3	15
二、逻辑推理	5	3	15
三、事实判断	5	3	15
四、假设辨认	5	3	15
五、论证评价	5	4	20
六、情景判断	5	4	20
总计	30	—	100

一、阅读理解

第1题

建设新铁路时，在路线确定时需要满足两个方面的要求，一是新建线路花费要尽可能少，二是新建线路的商业与贸易运输量要尽可能多。

这段话主要支持了这样一种论点，即新建铁路的线路：

A. 应该尽量避免穿山越岭，过江跨河

B. 其选择影响了新兴商业与贸易中心的兴起

C. 决定于是否与终点之间的距离最短

D. 不会总是具有最低建造成本的路线

第2题

那些发展得好的产业，通常是进口货和国产货可以自由竞争的产业；那些实行进口限制的产业，许多都发展得不够好。

根据这段可知，作者的观点是：

A. 一些涉及国家安全的产业必须实行进口限制

B. 质量是产品在国际市场中胜出的关键

C. 应该鼓励进口货和国产货的自由竞争

D. 产业发展会直接影响我国的进出口贸易

第3题

科学家指出，在南极上空，大气层中的散逸层顶在过去40年中下降了8千米。在欧洲上空，也得出了类似的观察结论。他们认为，由于温室效应，大气层可能会继续收缩。未来，预计二氧化碳浓度会增加数倍，这会使大气层继续缩小，使散逸层以上区域热电离层的密度继续变小。大气层的收缩可能对人类生活

审辩式思维：
看电影、读小说学习终身成长的思维模式

产生无法预料的影响。

根据上文，我们知道：

A. 太空边界缩小的幅度会逐渐加大

B. 大气层厚度的增大和缩小无法预料

C. 温室效应不会对人类生存构成威胁

D. 大气层中的散逸层顶会继续下降

第4题

一位芬兰研究人员在给美国天文学会的一份报告中指出，天文观察和实验结果正在使科学家们越来越相信，地球的生命很可能起源于火星。今天，大多数科学家都认为，生命起源于一个类似现代细菌那样的"先祖"细胞，这个细胞后来进化为植物、动物（包括人类）等各种生命形式。

根据上文，我们知道：

A. 地球的各种生命形式很可能始于同一个细胞

B. 生命起源之谜已经被科学家们破解

C. 地球人类并非太阳系中的唯一智能生命

D. 火星上具备生命存在所必需的空气和水

第5题

正是由于有人像哥白尼、开普勒那样执着地坚持长期得不到实践支持的理论，有人像伽利略、牛顿、爱因斯坦那样大胆地怀疑得到无数实践支持的理论，科学才得以进步。

这段话支持了这样一种观点：

A. 实践是检验真理的唯一标准

B. 实践是检验真理的标准之一

C. 有些实践不能成为检验真理的标准

D. 实践是我们关于真理的认识的来源

二、逻辑推理

第 6 题

参加军训阅兵的学生 180 人，每 5 人成一排，排与排间隔 2 米，若他们以每分钟 20 米的速度通过 10 米宽的主席台，从第一排同学进入主席台到最后一排同学离开主席台，需要多少分钟？

A. 3 分钟　　B. 3.5 分钟　　C. 4 分钟　　D. 4.5 分钟

第 7 题

来自 5 所学校的学生代表参加不同学科的竞赛。所有来自一中的选手数学都很好。所有来自二中的选手英语都很好。所有英语很好的选手语文都很好。没有数学和语文都非常好的选手。选手中张帆的数学很好。王林的英语很好。李明的语文很好。

据此，我们知道：

A. 李明的英语很好

B. 李明不是一中的学生

C. 王林是二中的学生

D. 张帆是一中的学生

第 8 题

据世界卫生组织估计，目前全球患抑郁症的人口多达 3 亿，几乎每 4 人中便有 1 人在一生中某个阶段出现精神或行为问题。到 2022 年，抑郁症已经位居全球疾病发病率排行榜第二，仅次于心脏病。在中国，目前约有 9000 万人患有不同程度的抑郁症，不过 90% 的抑郁症患者并没有意识到自己患有抑郁症。也未能及时就医。

根据这段文字，可以知道：

A. 全球患抑郁症的人多达总人口的四分之一

B. 中国抑郁症患者中及时就医者不超过 1000 万人

C. 在各种疾病中，每年死于心脏病的人数最多

D. 及时就医可以降低抑郁症的发病率

第 9 题

研究报告显示，维生素 A 缺乏可能导致眼部疾病。研究人员查阅了一家医院去年就医的维生素 A 缺乏症患者的病历，确认其中 4 例曾经接受过肠胃手术。

据此，我们知道：

A. 一些接受过胃肠手术的病人存在维生素 A 缺乏症状

B. 至今尚未找到治疗维生素 A 缺乏症的好办法

C. 胃肠手术不会导致眼部疾病

D. 肠胃手术导致病人维生素 A 缺乏

第 10 题

王芳准备下周出门办几件事：到某公司见客户、去银行取钱、去学校见孩子的班主任、去医院补牙。客户周三外出，银行周六休息，孩子的老师周一、三、五有课在学校，她的牙医每周二、五、六可以接诊。

王芳下周哪天出门有可能把这几件事情都办好？

A. 周一　　　B. 周三　　　C. 周五　　　D. 周六

三、事实判断

第 11 题

考虑到国内的应试教育会挫伤孩子的好奇心和学习兴趣，甚至会影响到孩子人格的健康发展，许多有条件的父母打算把自己的孩子送到国外去读书。何时送孩子出国？一些人主张早些送孩子出去，送孩子出去读小学或初中，避免使孩子从小受到"童子伤"；一些人主张孩子高中毕业后再出国读大学。这样，孩子可以打好中文和中国文化的基础，也可以了解中国的国情。

如果父母希望孩子将来学成后回国致力于祖国的建设，那么，支持他们选择"孩子高中毕业后再出国"的最有力的事实是：

A. 王芳小学 3 年级就随父母到国外读书，一直到获得博士学位。本可在国外工作的她却回国求职，原因是："我不愿成为中国奇迹的旁观者"

B. 辜鸿铭的第一语言是英语，13 岁才开始学习中文，后来却成为北大的国学教授和顶尖的国学大师

C. "光纤之父"、获得 2009 年诺贝尔物理学奖的高锟在中国香港读完高中后，赴英国入读著名的伦敦大学，获电子工程学博士学位

D. 在经济合作与发展组织（OECD）主持的国际中学生评估项目（PISA）2012 年的测试中，上海包揽了阅读、数学和科学三项第一

第 12 题

解放战争期间，至少几十万中国人失去了宝贵的生命。有人

认为，导致这场悲剧的主要原因是蒋介石的独裁专制。

可以对这种观点提供最有力支持的事实是：

A. 左翼爱国学者李公朴和闻一多于1946年7月先后被国民党特务枪杀

B. 1936年张学良发动"西安事变"，蒋介石险些丧命，脊椎与腰部受伤，终身不愈

C. 1946年中国共产党的军队处于绝对的劣势。中国共产党有48个师，国民党有263个师，中国共产党的军队人数不足100万，国民党军队人数超过400万，二者的武器装备悬殊，中国共产党没有空军和海军

D. 2010年，中国的GDP总量超过日本，成为世界上仅仅次于美国的第二大经济体

第13题

自2004年11月21日第一家孔子学院在韩国首尔挂牌以来，截至2015年12月，已经有134个国家（地区）建立了500所孔子学院，从孔子学院开办的第一天起就存在争论。李丽支持开办孔子学院，认为孔子学院有利于中国文化的传播。王萍反对开办孔子学院，认为在中国许多贫困家庭儿童的学习条件有待改善的情况下，不该耗费巨资为富裕国家提供教育服务。

以下各项中，可以为李丽提供最有力支持的事实是：

A. 湖北西部山区农家姐妹马萍萍和马丽丽初中时都是班里最优秀的学生。由于家贫，马萍萍后来去广东打工，让妹妹读完高中并考上大学

B. 孔子学院为许多大学毕业生提供了到海外教汉语的机会，

缓解了大学生的就业问题

C.伴随孔子学院在世界各地的开办,世界上越来越多的外国人喜欢吃中国菜,喜欢听中国音乐,喜欢练习中国的武术,喜欢写汉字,喜欢买中国的产品

D.王玲作为汉语志愿者到东南亚某国任教时发现,选学汉语的人很少,而且学汉语的人中很多只是想混学分

第14题

某医药公司开发了一种专门用于治疗痛风的新药N。可以为这种新药N的疗效提供最有力支持的事实是：

A.王大明的爷爷、父亲、哥哥和他自己都患有痛风病,而他弟弟却没有任何痛风症状。他的弟弟是职业运动员

B.李刚参加了这种痛风治疗新药N的疗效实验。实验中,医生和病人自己都不知道病人服用的是新药N还是作为对照的"安慰剂"。一个疗程后,李刚的痛风症状明显缓解

C.以往,王林的痛风病每个月都会发作一次。在坚持服用新药N以后,痛风病已经有半年未曾发作

D.研究已经证明,痛风病的病因是嘌呤排泄障碍。避免食用嘌呤含量高的食品,可以降低痛风的发病率。陈平在坚持服用新药N的同时,调整饮食结构,尽量避免食用海鲜等嘌呤含量高的食品,明显降低了痛风的发病频率

第15题

要不要在农业生产中限制以至禁止使用转基因技术？这是一个今天存在广泛争议的问题。

以下各项中,最有力地支持继续使用转基因技术的一项事

实是：

A. 今天，在全球范围内有 27 个国家的 1800 万农民在种植转基因农作物

B. 转基因农作物的种植大大减少了杀虫剂的使用量，不仅提高了产量，减少了农作物中残留杀虫剂的可能性，而且减少了杀虫剂对土壤的破坏

C. 支持使用转基因技术的美国孟山都执行副总裁罗伯特·弗莱里（Robert Fraley）于 1999 年获得美国国家技术奖章，于 2008 年获得美国国家科学院产业应用奖，于 2013 年获得世界粮食奖

D. 今天，美国正在向全世界 40 多个国家出口转基因农作物，所有这些农作物的出口都获得了美国政府的批准

四、假设辨认

第 16 题

因为太行、王屋两座大山挡路，愚公决定率领全家将山移走。他的一个邻居老人不赞成他的做法，说："两座山方圆七百里，高几千米，你怎能移走？"愚公回答说："我子子孙孙一代一代地坚持移山，山不会增高，怎么移不走呢？"

愚公的主张能够成立的前提是：

A. 由于地球的地壳运动，山的高度和范围都可能改变

B. 他的后代不会因无婚姻或无生育的原因而中断延续

C. 最终上帝会被他的精神所感动，会帮他把山移走

D. 自己的邻居们会帮助自己一起移山

第 17 题

小说《红楼梦》中的鸳鸯是贾府老祖母的贴身丫鬟。贾府的老大贾赦一直想娶鸳鸯。老祖母去世后,鸳鸯拒绝了贾赦,选择了自杀。李丽认为,鸳鸯不应该选择自杀,应该选择出家,去当一个尼姑。

李丽"鸳鸯出家"的主张中所包含的假设是:

A. 念佛可以为自己带来善报

B. 尼姑庵的生活很平静

C. 吃素有利于健康

D. 鸳鸯已经没有嫁人的可能

第 18 题

齐国的大将田忌与齐威王赛马。双方约定,将马分成上、中、下三等,上马对上马,中马对中马,下马对下马。由于每个等级的马都比田忌的马更快,齐威王赢得了比赛。熟悉兵法的孙膑给田忌出了一个主意:以下马对上马、中马对下马、上马对中马。按照孙膑的建议,田忌以两胜一负的成绩赢得比赛。

在孙膑的建议中所包含的假设是:

A. 比赛的胜负比诚信更重要

B. 田忌对齐威王的马很熟悉

C. 积极参与是比赛第一要义

D. 欺骗可以得逞于一时,但不可能得逞于永远

第 19 题

2016 年 6 月,瑞士将就无条件向本国公民每月支付相当于 17000 元人民币的生活费举行全民公投。反对的人担心这种做法

会助长公民的懒惰和不劳而获。

那些准备投票支持这一做法的人的假设：

A. 所有的人都有好逸恶劳的天然倾向

B. 一个人在不为生计发愁的情况下最容易发挥自己的创造力

C. 为每人支付高昂生活费会成为政府的巨大财政负担

D. 悠闲的生活会降低瑞士产品在国际市场的竞争力

第 20 题

王刚说："恰如钱学森先生所说，中国的大学培养不出一流的创造型人才。从 1977 年恢复高考以后，数以百万计被世界公认最聪明的中国年轻人进入大学学习，其中许多人后来进入美国和欧洲最好的研究机构从事科学研究。但是，迄今尚无一人获得诺贝尔科学奖。"

如果王刚的观点能够成立，需要满足的前提是：

A. 诺贝尔奖可以反映出一个人的创造力

B. 快乐的学习更有成效

C. 通过高考进入名校的学生并非是最有创造力的人

D. 好奇心是与生俱来的，不是教育的成果

五、论证评价

第 21 题

炎帝的小女儿不慎在东海溺水而亡，化为精卫鸟，每天从西山衔木石掷于东海，发誓填平东海。小明对天天练习弹钢琴已经厌倦，为了激励小明坚持练琴，妈妈给小明讲"精卫填海"的故事。

小明对妈妈最有力的反驳是：

A. 钢琴的一个键音不准，需要修理

B. 精卫填再多的木石，也只会导致海平面的上升，永远也不会将东海填平

C. 精卫自己在海边玩水不慎溺亡，也有责任，不能全怪东海

D. 作为家长，炎帝的安全意识不足，也有责任

第 22 题

在读了《孙悟空三借芭蕉扇》一文后，王娟认为，孙悟空实际上不是"借"，而是"骗"和"抢"。

可以对王娟的观点提供最有力支持的一项是：

A. 孙悟空借扇的目的是保护唐僧取经，动机是好的

B. 实际上，最终打败牛魔王和铁扇公主夫妇的并不是孙悟空，而是哪吒

C. 孙悟空在扇灭了火焰山的火焰后，将芭蕉扇还给了铁扇公主

D. 不能为了实现一个正确目标而不择手段

第 23 题

大禹治水 13 年，三过家门而不入，儿子到了十岁还没有见过自己的爸爸。在读了《大禹治水》的故事之后，王琴认为大禹对于家人过于冷酷，没有尽到一个父亲应尽的责任。

可以对王琴的观点提供最有力支持的一项是：

A. 自古忠孝不能两全，大禹是为了大家的利益

B. 虎毒不食子。即使是最凶残的老虎，也会对虎崽表现出

温柔的一面

C. 大禹没有采用他的父亲鲧的"堵"的治水策略，而是采用了"疏"的治水策略，并最终获得成功

D. 一个真正负责的人会努力在社会中扮演好各种不同的角色

第 24 题

司马迁在《史记》中详细记述了项羽人生的最后场景：项羽拒绝了驾船的乌江亭长载他东渡乌江卷土重来的建议，自杀以谢江东父老。对此，张强并不赞成。张强认为项羽完全不必自杀，应该东渡之后重整军马再战。

张强对自己的观点进行了论证，他的论证中最有说服力的一项是：

A. 胜败乃兵家常事

B. 士可杀而不可辱

C.《史记》的相关记录未必真实

D. 生当为人杰，死亦作鬼雄

第 25 题

高考的必考科目是语文、数学两科还是语文、数学、外语三科？在某省人民代表大会的讨论中，省人大常委陈凡在自己的提案中主张，将外语与物理、化学等科目一起作为学业考试科目，不再作为统考科目。

以下各项中，对于陈凡提案反驳最有力的一项是：

A. 调查显示，许多在小学和中学学习了 6～9 年英语的学生仍不具备基本的应用能力，在英语国家离开导游连最简单的交

际都无法完成

B. 至少 80% 的中国人依靠汉语而非英语来抓住机遇、取得成功；在人的一生中，至少 80% 的情况下需要依靠汉语而非英语来抓住机遇、取得成功

C. 世界上学习汉语的人越来越多，截至 2015 年 12 月，已经在 134 个国家（地区）建立了 500 所孔子学院和 1000 个孔子课堂

D. 伴随交通和通讯的快速发展，世界变得越来越小。英语是"地球村"中使用最广泛的语言

六、情景判断

第 26～30 题

陶渊明在《归去来兮辞》中曾谈到自己的家境："幼稚盈室，瓶无储粟"，满屋幼小的孩子，家里却锅碗空空，没有粮食可吃。他育有五子：俨、俟、份、佚、佟。由于他的归隐，五子无一人成才，无一人当官，都在乡里务农终老，平平淡淡一生。不仅是平平淡淡，而且大多生活贫困窘迫，"夏日长抱饥，寒夜无被眠"，经常处于难以维持温饱的局面，有时甚至需要向乡里借贷，勉强度日。

陶渊明是一个好父亲吗？王霞认为不是。他自己潇洒地辞官挂印回家，不仅不能支持子女们获得更好的发展前途，甚至不能保证孩子们的温饱。在他病危时写给几个子女的信中说：我很惭愧，使你们承受饥寒交迫的生活。由于家里贫穷，你们很小就要参加繁重的砍柴挑水的劳动，现在想起来，感到很难过。

李强认为，陶渊明是一个好父亲。对于子女，重要的不是

为他们安排飞黄腾达的升官发财之路，而是培养他们不为五斗米折腰的高尚情操。陶渊明虽然未能给孩子们提供更好的生活条件，但是洁身自好，拒绝同流合污，在人格上为孩子们树立了榜样。

第 26 题

可以对王霞的观点提供最有力支持的一项事实是：

A. 时间上稍早于陶渊明的名士嵇康与陶渊明性格相似，才华横溢，豪放不羁，被裹挟进残酷的政治斗争，遭杀身之祸，离世时年仅 39 岁

B. 与嵇康同属于"竹林七贤"的阮籍，驾车出行，无路可走的时候，痛哭而返。因此，有了"穷途之哭"这一成语

C. 在陶渊明的自传《五柳先生传》中说自己好喝酒，但是自己的家中经常是缺粮少米，更很少有酒可喝，于是，他常常到别人家里去喝酒，而且常常喝醉

D. 陶渊明为长子取名为"俨"，希望儿子能够做到恭敬严谨。取字为"求思"，希望儿子能够像孔子的孙子子思一样有所作为

第 27 题

王霞的观点中所包含的前提假设是：

A. 作为父亲应负有教育子女使他们成才的责任

B. 陶渊明的做法得到了他的妻子和孩子的理解

C. 不能用今天的标准来评价历史人物

D. 作为一个合格的父亲，给予子女精神上的陪伴比为子女提供物质保障更重要

第 28 题

李强的观点中所包含的前提假设是：

A. 如果做一个廉洁的清官，全家的生活会同样贫穷

B. 计划生育可以提高一个家庭的生活质量

C. 在陶渊明所处的时代，一个人如果拒绝同流合污则很难生存

D. 一个廉洁勤勉的好官可以造福一方百姓

第 29 题

可以对王霞的观点提供最有力支持的一项论证是：

A. 孔子三岁时父亲去世，他的母亲不仅亲自教育儿子，教儿子识字和学习礼仪，而且将儿子送到城内最好的学堂，学习诗歌、典籍、历史等功课。终于，将儿子培养成一个伟大的教育家

B. 曾参是孔子的学生。一次，一个与他同名同姓的人杀了人。有人跑去告诉曾参的母亲说："曾参杀了人！"曾母说："我儿子不会杀人。"继续安详地织布。不久，又一个人跑来说："曾参杀了人！"曾母还是照常织布。不久，第三个跑来说："曾参杀了人！"曾母信以为真，扔掉织布机的梭子翻墙逃跑了

C. 东晋时陶侃做了一名小官，在吃官府的腌鱼时，用陶罐盛了一点送给母亲。不料母亲将陶罐封上退回，并附信责备了他。后来，陶侃一直廉洁奉公，成为名将

D. 宋朝的大将岳飞在抗击金兵的战争间隙，回家探望母亲。他的母亲鼓励他重返战场，并在他的背上用绣花针刺上了"精忠报国"四个字，鼓励他奋勇杀敌

第 30 题

可以对李强的观点提供最有力支持的一项论证是：

A. 陶渊明解释自己不愿做官的原因是"性刚才拙，与物多忤"，说自己性情刚直，才能拙劣。他确实缺乏做官的才能，辞官回家是不得已的选择

B. "鸟尽弓藏，兔尽狗烹"。将鸟全部杀尽，弓箭就受到冷落；将野兔全部抓完，猎狗就也被杀掉吃肉。曾经帮助越王勾践消灭吴国的大臣文种，最终死于勾践之手。曾经帮助汉朝开国皇帝刘邦打下天下的韩信、彭越和英布，最终都死于刘邦之手

C. 在陶渊明所处时代，官场高度腐败，政治斗争异常激烈。如果洁身自好拒绝同流合污，难以生存，会被贪官视为眼中钉、肉中刺，遭到诬陷和迫害；如果同流合污，既违背自己做人的准则，也可能被卷入政治斗争而招来杀身以致灭门大祸。在这两种情况下，都可能祸及妻子和孩子

D. 东汉时王霸和令狐子伯是朋友。王霸隐居耕田，令狐子伯做了宰相。对此，王霸心里很坦然，没有觉得有什么不好。有一天，当王霸看到令狐子伯的儿子衣冠楚楚、彬彬有礼、落落大方，而自己的儿子却蓬头垢面、缺牙豁齿、缺少礼仪。这时，王霸才感到伤心

初中生审辩式思维测试(样卷)答题卡

姓名	
班级	

填涂要求

1. 请用铅笔这样填写：■。
2. 修改时要用橡皮擦干净。

性别

☐ 男
☐ 女

1 [A][B][C][D]　11 [A][B][C][D]　21 [A][B][C][D]

2 [A][B][C][D]　12 [A][B][C][D]　22 [A][B][C][D]

3 [A][B][C][D]　13 [A][B][C][D]　23 [A][B][C][D]

4 [A][B][C][D]　14 [A][B][C][D]　24 [A][B][C][D]

5 [A][B][C][D]　15 [A][B][C][D]　25 [A][B][C][D]

6 [A][B][C][D]　16 [A][B][C][D]　26 [A][B][C][D]

7 [A][B][C][D]　17 [A][B][C][D]　27 [A][B][C][D]

8 [A][B][C][D]　18 [A][B][C][D]　28 [A][B][C][D]

9 [A][B][C][D]　19 [A][B][C][D]　29 [A][B][C][D]

10 [A][B][C][D]　20 [A][B][C][D]　30 [A][B][C][D]

审辩式思维：
看电影、读小说学习终身成长的思维模式

初中生审辩式思维测试（样卷）答案

题号	答案	题号	答案	题号	答案
1	D	11	D	21	B
2	C	12	A	22	D
3	D	13	C	23	D
4	A	14	C	24	A
5	C	15	B	25	D
6	C	16	B	26	C
7	B	17	D	27	A
8	B	18	A	28	C
9	A	19	B	29	A
10	C	20	A	30	C

02 高中生审辩式思维测试(样卷)

高中生审辩式思维测试(样卷)

本测试包含 5 个部分,共 25 题,总分 100 分。

试卷构成:

题型	题目数	每题分值	总分值
一、阅读理解	5	4	20
二、逻辑推理	5	4	20
三、事实判断	5	4	20
四、假设辨认	5	4	20
五、论证评价	5	4	20
总计	25	—	100

一、阅读理解

第 1 题

动物园中的一只猩猩,在游人的逗引和示范下,学会了向人

审辩式思维：
看电影、读小说学习终身成长的思维模式

吐唾沫的"本领"。为了把它从"人"进化成原本的猩猩，动物园想尽了多种"威胁利诱"的教育方式，但收效甚微。

这段话说明了：

A. 教育要采取正确的方法

B. 揠苗助长往往会适得其反

C. 坏习惯的改正比养成更困难

D. 好的道德风尚要靠公德心的培养

第2题

大学作为精神文化中心，必须相对独立于世俗社会之外，不以流俗的是非为是非，更不以流俗的价值标准取代自身的精神价值追求。有所不为才能有所为，才能作为社会的最后一个精神堡垒，影响社会，而不是被浮躁、喧嚣、功利的社会所同化。

这段话的作者认为大学应该：

A. 与流俗社会泾渭分明

B. 保持独立的价值取向

C. 培养学生与众不同的价值观

D. 与社会上的不正之风做斗争

第3题

历史是个好老师，如果你一次没学会，他会不断地重复。
这句话说明的道理是：

A. 历史总会重演

B. 历史永不间断

C. 学习是个不断重复的过程

D. 应该从历史中汲取经验教训

第4题

自信，坚信自己的力量，是一个人的优秀品质，这主要是指那些建立在牢固的知识和经验基础上的自信。如果没有这种基础，它就有变得高傲自大和无根据地过分自恃的危险。

这句话强调的是：

A. 人一定要有自信

B. 盲目自信是非常危险的

C. 缺乏知识和经验容易使人盲目自信

D. 知识和经验可以增强人的自信

第5题

在当今国际体系中，民族国家不再是唯一的国际行为体。这时，需要塑造新的国家认同，而非以旧瓶装新酒，倡导什么温和、理性和开放的"新民族主义"。我们需要超越民族主义本身。在当今以主权国家而非民族国家为国际社会的基本单元时，应该以爱国主义代替民族主义，为国家而自豪，为未来而努力。

这段文字的观点是：

A. 国际体系中的民族国家越来越多

B. 爱国主义是对民族主义的一种超越

C. 主权国家将在国际社会中取代民族国家

D. 国际体系应该向温和、理性和开放的方向发展

审辩式思维：
看电影、读小说学习终身成长的思维模式

二、逻辑推理

第6题

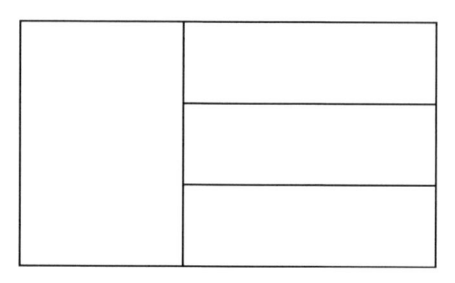

4个完全相同的小长方形组成的大长方形的周长为28。小长方形的周长是多少？

A.11　　　　B.12　　　　C.14　　　　D.16

第7题

2020年4月8日，纽约市长白思豪在介绍纽约市的疫情死亡情况时，给出了一组死亡患者中不同族裔所占比例的数据：

族裔	在死亡患者中所占比例（%）	在全市人口中所占比例（%）
西班牙裔	34	29
黑人	28	22
白人	27	32
亚裔	7	14

注：尚有一些死者的族裔无法确认。

据此，我们可以推断，该市最容易因新型冠状病毒致死的族裔是（　　）。

A.西班牙裔　　B.黑人　　　C.白人　　　D.亚裔

第 8 题

虽然一套高级的西装不能帮你赢得丽丽的芳心,但一套劣质的西装却可以使你失去机会。

据此,我们知道:

A. 失去机会是因为没有高级西装

B. 丽丽不喜欢奶油小生

C. 只要有一套高级西装,就可以受到心上人的青睐

D. 要想赢得丽丽青睐,需要有一套优质西装

第 9 题

人生的成功需要具备三种因素:第一是天赋,第二是努力,第三是命运。

据此,我们可以知道:

A. 机会是人创造的

B. 外因是成功的条件

C. 有志者事竟成

D. 勤奋和天赋决定是否成功

第 10 题

谭先生年轻时就钟爱昆曲。他说,一首曲子需要跟唱 50～100 遍才能学会。有人问他,如果听别人唱自己不熟悉的曲子,能否知道在唱什么?他说听不懂。像谭先生这样听了、唱了一辈子昆曲的人,也只能欣赏自己熟悉的曲子。今天,昆曲怎么可能普及到比他们这代人古文基础差、选择余地比他们大、工作和生活节奏比他们快的年轻人中去?

据此,我们知道:

A. 昆曲今天很难普及

B. 谭先生是一位昆曲表演艺术家

C. 昆曲是"百戏之祖",滋养了多种地方戏的发展

D. 现在的年轻人很少有机会欣赏昆曲

三、事实判断

第 11 题

阿波罗登月项目是美国在20世纪60～70年代组织实施的一系列载人登月飞行任务,它是世界航天史上具有划时代意义的一项成就。阿波罗项目历时约11年,共有12名宇航员登陆月球,至今还没有第二个国家成功实现载人登月。长期以来,一直有人质疑阿波罗载人登月项目的真实性,认为美国载人登月造假。

如果你支持阿波罗项目的真实性,对这种观点提供最有力支持的事实是:

A. 阿波罗登月项目耗资255亿美金,约占当年美国GDP的0.57%,共有40余万科技人员参与登月项目

B. 苏联拥有顶级的情报机构克格勃,但苏联官方未在任何场合质疑过阿波罗载人登月的真实性

C. 阿波罗项目在月球放置的激光反射器需要人工装配,该装置已成为最精确的地月距离测量手段

D. 中国的嫦娥二号探测器拍摄了整个月面的7米分辨率照片,可分辨出阿波罗计划的六处遗迹

第 12 题

丙烯酰胺是一种有毒的化学物质,过量摄入存在致癌风险。

凡是含有淀粉的食物在高温烹饪之后都会产生微量的丙烯酰胺，咖啡中的丙烯酰胺就是在烘烤过程中产生的。据此，有人认为喝咖啡会增加患癌风险，应减少或停止咖啡的摄入。

下列哪项事实最能削弱上述观点？

A. 国际癌症研究会曾将咖啡列入可能致癌类物质名单中

B. 香港食物安全中心的调查发现，人们摄入的丙烯酰胺约有45%来自炒菜

C. 有研究表明，咖啡中含有可以预防帕金森和Ⅱ型糖尿病的物质

D. 人类每日可从饮食中摄入的丙烯酰胺很少，约为致癌量的千分之一

第13题

党的十八大以来，中共中央在脱贫攻坚方面付出了坚持不懈的努力。在脱贫取得显著成就的同时，一些民众的惰性增长，"等、靠、要"思想严重。王刚认为：授人以鱼不如授人以渔，要从根本上实现贫困地区的脱贫致富，必须重视教育，提升群众文化素质，扶智比扶贫重要。李强不同意王刚的意见，他坚持认为，只有低层次的需求解决了，才会去追求更高层次的需求，生活温饱问题都解决不了，谁还会考虑知识教育，扶贫比扶智重要。

可以为王刚的看法提供最有力支持的事实是：

A. 某贫困老区的革命传统纪念遗址，原来只是一间十几平方米的小屋，现在建成了几万平方米的纪念馆

B. 安徽省31个贫困县全部"摘帽"，交通、住房、水电等

生活问题基本解决后，义务教育实现均衡发展

C. 重庆市石柱县筹集教育资金 11.15 亿元，实现了农村义务教育所有学生全覆盖，实现了城区义务教育所有贫困生全覆盖

D. 广西壮族自治区投入 21.61 亿元资金建设了 17927 个扶贫基础设施项目，全区农村未解决温饱问题的贫困人口减少了 74 万

第 14 题

工业生产保持较快增长，固定资产投资继续回升，市场销售持续回暖……疫情下，中国交出了一张世界瞩目的经济答卷。李强认为，在全球经济的低谷时期，中国经济经受住了疫情考验，显现出强大韧性和发展潜力。

以下各项中，可为李强的看法提供最有力支持的一项是：

A. 据欧盟统计局公布的数据，2020 年中国已经取代美国成为欧盟第一大贸易伙伴。2020 年欧盟和中国贸易额 5860 亿欧元，欧盟和美国贸易额 5550 亿欧元。欧盟对中国出口增长 2.52%，自中国进口增长 5.6%。与此同时，欧盟对美国出口下降 13.2%，自美国进口下降 8.2%

B. 2020 年中国国庆黄金周国内上亿人次出行

C. 2020 年中国 GDP 首次突破 100 万亿元，全年增长 2.3%。其中，一季度下降 6.8%，二季度增长 3.2%，三季度增长 4.9%，四季度增长 6.5%

D. 据我国海关总署公布的数据，2020 年中美双边货物贸易总值为 4.06 万亿元，增长 8.8%。其中，对美国出口 3.13 万亿元，增长 8.4%，自美国进口 9318.7 亿元，增长 10.1%。中美贸

易顺差约 2.2 万亿元

第 15 题

有人认为，中国不能算是抗日战争的战胜国，消灭日本主要军事力量并不是中国军队，而是美苏的军队，包括美国的核武器。

对于这种观点反驳最有力的一项是：

A. 从 1939 年 9 月开始，中国军队一直顽强坚守长沙，直到 1944 年 6 月，打退了日军的多次进攻

B. 从 1943 年年底开始，孙立人将军率领的新一军在缅北几乎全歼日本最精锐的部队第 18 师团，击毙日军 3 万余人

C. 中国的顽强抵抗使整个中国没有像中国东北一样成为支持日本进行战争的基地

D. 1945 年 9 月 9 日，日本中国派遣军总司令官冈村宁次在南京向中国政府代表何应钦递交了投降书

四、假设辨认

第 16 题

玩益智类电子游戏时，儿童需要在音像闪现的有限时间内在大脑中及时处理信息，但这么短的时间接受和处理的信息量是有限的；而非电子类益智游戏则不同，儿童可以根据自己的实际情况进行思考操作。因此，有人认为，电子类益智游戏中视频图像的出现速度过于机械、刻板，它阻碍了而不是提高了儿童的想象力。

上述论证依赖以下哪项假设？

A. 只有接触到益智类游戏，儿童的想象力才会得到适当的

激发

B. 当被允许选择一种游戏娱乐方式时,儿童会更倾向于非电子版本

C. 当儿童可以控制娱乐的速度时,他的想象力可以得到更完全的发展

D. 儿童的创造力是与生俱来的,只可以保护,不可以培养

第 17 题

用汽车能将货物在 3 天内从 A 港口运到 B 港口,总费用为 2000 元。而用轮船运输则需要 5 天,总费用是 1500 元。陆运还是海运?李明主张海运,他说,这批货物迟到两天,仍然在合同规定的交货期限之内,并不会造成违约。采用海运,可以减少成本。

李明的论证中所包含的假设是:

A. 供货公司一直拥有良好的信誉,以往没有违约的记录

B. 与陆运相比,海运更容易受到恶劣气候的影响

C. 这批货物经过严格的质量检验,完全可以满足用户的要求

D. 除了运输时间和费用以外,两种运输方式之间基本没有差别

第 18 题

随着科技的发展,城市中出现了无人超市。无人超市没有售货员和收银员,进入超市时,系统首先会对顾客进行身份识别。顾客在完成"刷脸进店"并挑选好需要的商品后,无须人工结账,便可直接离开超市。系统会根据商品的电子标签识别出顾客

选择的商品,并在顾客的手机支付软件中实现自动扣款。无人超市的这一运行模式不但降低了商场运营的人力成本,还节省了顾客的购物时间,受到了不少消费者的好评。

无人超市能够顺利运营的前提是:

A. 现代生活节奏快,人们需要快速购物

B. 消费者素质提高,不会出现偷盗行为

C. 消费者能够接受身份自动识别技术

D. 高效完备的 5G 基础设施建设

第 19 题

《中国居民营养与慢性病状况报告(2020 年)》已经发布。从报告可以了解到,20% 的 6~17 岁的青少年属于超重肥胖,10% 的 6 岁以下的儿童属于超重肥胖。青少年经常饮用含糖饮料问题已经凸显,18.9% 的中小学生经常饮用含糖饮料。为了有效降低青少年超重肥胖率,张华建议,禁止向青少年儿童售卖含糖饮料。

张华的建议中所包含的假设是:

A. 多数青少年赞成减少含糖物质的摄入

B. 多数家长赞成减少含糖物质的摄入

C. 生产经营含糖饮料的企业利润率很低

D. 青少年超重肥胖率高的重要影响因素是饮用含糖饮料

第 20 题

某国天气预报的准确率平均在 83% 以上。但是,倘若天气预报员什么也不做,他整天在家睡大觉,总是进行"无雨"预报,他的平均正确率将达到 92%。根据统计,该国平均每小时

审辩式思维：
看电影、读小说学习终身成长的思维模式

降水概率仅为 8%。根据最近几年的统计数据，该国气象部门预测"无雨"也确实没有下雨的情况占 98.2%，预报"下雨"并真正下了雨的情况不到 30%。据此，一位议员建议取消该国的气象预报机构。

这位议员的主张中所包含的假设是：

A. 概率统计模型不能应用于天气预报

B. 降雨不会造成灾难性的后果

C. 气象误报会造成巨大的浪费

D. 气象误报会造成社会动荡

五、论证评价

第 21 题

三国时，关羽曾无奈投降曹操。曹操赏识关羽，希望将关羽留在自己身边重用，但重情义的关羽一心追随刘备，不肯留在曹操阵营。最终，曹操放走了关羽，让他回到了刘备身边。曹操该不该放走关羽？李华认为不该。

可以对李华的观点提供最有力支持的一项是：

A. 放走关羽，曹操阵营将失去一员武艺高强的大将

B. 关羽回到刘备身边，会对曹操阵营造成威胁

C. 曹操勉强将关羽留在身边，关羽并不能对曹操的事业提供实际帮助

D. 杀害已经投降的关羽，有损曹操"求贤爱才"的名声，不利于吸引天下豪杰

第 22 题

争议比较大的一个话题是"代孕"。李萍认为，尽管可以从

一般原则上反对代孕，但不必制定禁止一切代孕的"一刀切"法律。对于代孕，可以视具体情况进行一些更灵活的处理。

可以对李萍的观点提供最有力支持的一项是：

A. 代孕母亲与委托人之间发生孩子抚养权争议时，1985年，美国新泽西州初审法院将孩子判给了委托人，联邦高等法院最终将孩子判给了代孕母亲。2010年，湖南省常德市鼎城区人民法院将孩子判给了委托人，代孕母亲没有上诉

B. 严格限制的代孕不仅可以使一些由于疾患不能生育的人实现自己的梦想，而且可能使一个处于绝望中的代孕母亲获得一个养家糊口的机会

C. 美国没有关于代孕的联邦法律，加利福尼亚、得克萨斯、内华达等州的法律允许代孕；纽约、新泽西、密歇根等州的法律禁止代孕

D. 代孕人拥有的法律权利不清晰，在签约双方中处于弱势地位，其利益很容易受到损害

第 23 题

2016年11月7日，第12届全国人大第24次常委会以124票赞成、7票反对、24票弃权通过了经过修订的《民办教育促进法》。新的法律规定，义务教育阶段不得设立营利性学校。对此，存在不同的看法，也引起了很大争议。李明认为，不应该禁止在义务教育阶段开办民办的营利性学校。

可以对李明的看法提供最有力支持的一项是：

A. 许多义务教育阶段的民办学校在土地租用、基本建设等方面进行了巨大的投入。如果禁止其继续营利，这些学校将无法

收回已经投入的成本

B. 在行政主导的非营利教育"毁人不倦"的现状下，民办营利性学校不仅可以满足不同类型家庭对教育的多样化需求，而且可以发挥"鲶鱼效应"，促进整个义务教育的发展

C. 虽然世界上发达国家一般禁止发展义务教育阶段的营利学校，但中国属于发展中国家，在这方面不具有与发达国家"接轨"的条件

D. 许多义务教育阶段的民办学校在举办过程中获得了银行的巨额贷款。禁止营利的政策将带来银行的坏账

第24题

2016年10月30日，中共中央办公厅、国务院办公厅印发了《关于完善农村土地所有权承包权经营权分置办法的意见》，其中明确提出"坚持农村土地集体所有权的根本地位"。对此，张鸣并不赞成，他认为应将农村土地分给农民，实现农村土地的私有化。

可以对张鸣的看法提供最有力支持的一项是：

A. "有恒产者有恒心"，只有让农民拥有私有土地，才能真正调动农民的生产积极性

B. 只有实现农村土地私有化，才能将城市资本吸引到农村。只有城市资本进入农村，才能加快农业的发展和农村的城镇化进程

C. 许多城里人，尤其是退休人员，希望享受乡村的"田园生活"。只有实现土地私有化，才能吸引城里人下乡置业，进而带来农村的振兴

D.土地私有化基础上的市场化,将有利于土地向"种田能手"集中,实现土地资源的最佳配置,实现高效的规模经营

第 25 题

衡水中学以严格管理、纪律严明、大量做题而闻名,以提高高考分数为学习目标。该校的学生在高考中取得了不俗的成绩。"衡水中学模式"是好的教育方式吗?对于这个问题,存在巨大的争议。杨林支持衡水中学的做法。

可以对杨林的看法提供最有力支持的一项是:

A."吃得苦中苦,方为人上人","快乐学习"是不切实际的幻想

B.寒门子弟只有拼命苦读,才能突破"阶层固化"的藩篱,享受一种有尊严的生活

C.衡水中学的学生虽然很辛苦,但该校的许多学生最终进入了自己心仪的大学,梦想成真

D.那种充分尊重学生个性、学生高度自治、宽松自由的学习氛围,并不适合那些自制力不强、天资平平的学生

审辩式思维：
看电影、读小说学习终身成长的思维模式

高中生审辩式思维测试（样卷）答题卡

姓名	
班级	

填涂要求

1. 请用铅笔这样填写：■。
2. 修改时要用橡皮擦干净。

性别

☐ 男
☐ 女

1 [A][B][C][D]　　11 [A][B][C][D]　　16 [A][B][C][D]

2 [A][B][C][D]　　12 [A][B][C][D]　　17 [A][B][C][D]

3 [A][B][C][D]　　13 [A][B][C][D]　　18 [A][B][C][D]

4 [A][B][C][D]　　14 [A][B][C][D]　　19 [A][B][C][D]

5 [A][B][C][D]　　15 [A][B][C][D]　　20 [A][B][C][D]

6 [A][B][C][D]　　　　　　　　　　　21 [A][B][C][D]

7 [A][B][C][D]　　　　　　　　　　　22 [A][B][C][D]

8 [A][B][C][D]　　　　　　　　　　　23 [A][B][C][D]

9 [A][B][C][D]　　　　　　　　　　　24 [A][B][C][D]

10 [A][B][C][D]　　　　　　　　　　25 [A][B][C][D]

高中思维水平测试（样卷）答案

题号	答案	题号	答案	题号	答案
1	C	10	A	19	D
2	B.	11	C	20	B
3	D	12	D	21	B
4	B	13	B	22	B
5	B	14	C	23	B
6	D	15	C	24	A
7	B	16	C	25	C
8	D	17	D		
9	B	18	C		